服务业员工工作投入研究

刘娟 著

FUWUYE YUANGONG GONGZUO TOURU YANJIU

苏州大学出版社
Soochow University Press

图书在版编目(CIP)数据

服务业员工工作投入研究 / 刘娟著. -- 苏州：苏州大学出版社，2022.12
 ISBN 978-7-5672-4126-8

Ⅰ.①服… Ⅱ.①刘… Ⅲ.①服务业-服务人员-工作-研究 Ⅳ.①F718

中国版本图书馆 CIP 数据核字(2022)第 234199 号

书　　名：	服务业员工工作投入研究
著　　者：	刘　娟
责任编辑：	刘一霖
装帧设计：	刘　俊
出版发行：	苏州大学出版社(Soochow University Press)
社　　址：	苏州市十梓街1号　邮编：215006
印　　刷：	江苏凤凰数码印务有限公司
邮购热线：	0512-67480030
销售热线：	0512-67481020
开　　本：	718 mm×1 000 mm　1/16　印张：13.50　字数：208 千
版　　次：	2022 年 12 月第 1 版
印　　次：	2022 年 12 月第 1 次印刷
书　　号：	ISBN 978-7-5672-4126-8
定　　价：	48.00 元

图书若有印装错误，本社负责调换
苏州大学出版社营销部　电话：0512-67481020
苏州大学出版社网址　http://www.sudapress.com
苏州大学出版社邮箱　sdcbs@suda.edu.cn

前言
PREFACE

服务是服务业的核心产品，也是服务经济时代经济活动的本质。提供高质量的服务是服务企业的核心竞争力。服务业是劳动密集型产业，其服务质量取决于员工的工作质量。服务业员工对工作的投入程度决定着服务质量和客户满意度。然而，服务性企业的离职率通常较高。其主要原因在于较高的工作要求和较低的工资待遇及职业认同度。较高的工作要求主要表现在以下几个方面：① 服务业员工的情绪劳动程度较高，即服务业员工在服务过程中需要向顾客表达友好、热情等情绪，主动提供服务；② 在职服务业员工经常需要在完成本职工作的同时承担分外工作任务；③ 服务业的业务高峰期通常在周末、法定节假日等，这就导致了服务业员工需要为了工作而牺牲家庭团聚时间，不容易实现工作和家庭的平衡；④ 服务业的工作时间一般较长，这对员工的身体和家庭都是一种压力。然而，由于服务业工作岗位技术含量大多不高，入行门槛较低，工资待遇也普遍较低，而这与该行业的高强度工作要求不匹配。工资待遇和工作要求的不匹配，加上社会对服务业岗位较低的职业认同度，导致了服务业员工对职业的效忠度较低。在这种背景下，提高服务业员工的工作投入度更是难上加难。

　　工作投入研究是近些年来管理学领域的一个热门研究主题，也是笔者多年来一直关注并致力研究的主题之一。本书是笔者多年来对服务业员工工作投入的理解和研究的积淀。本书的第1章介绍了我国和其他国家服务业的发展现状和发展趋势。第2章介绍了与工作投入相关的管理心理学理论及主要概念界定。第3章到第7章是笔者针对服务业员工工作投入从不同的角度开展的实证研究。实证研究所使用的数据来自中国和美国。美国部分的研究数据来自与密苏里大学（University of Missouri）赵成熙（Seonghee Cho）博士和韩国又松大学（Woosong University）埃卡·迪拉克萨·普特拉（Eka Diraksa Putra）博士的合作项目。第8章对国际知名期刊发表的关于工作投入研究的文献进行了知识图谱分析。第9章总结了本书的研究发现，并对工作投入研究的未来发展趋势进行了展望。

　　由于作者水平有限，本书可能存在疏漏，敬请读者不吝赐教。

著者

目 录
CONTENTS

第1章 绪论 ·· 1
  1.1 研究背景 ·· 2
  1.2 问题的提出 ·· 8
  1.3 研究意义 ·· 8
  1.4 研究目标、内容与研究框架 ······················· 10
  1.5 本章小结 ··· 11

第2章 相关概念与理论基础 ························ 13
  2.1 基本概念 ··· 14
  2.2 工作要求-资源模型 ······························· 18
  2.3 资源保存理论 ······································ 21
  2.4 工作要求-控制模型 ······························· 22
  2.5 压力认知评价理论 ································ 24
  2.6 特质激活理论 ······································ 25
  2.7 行为可塑性理论 ··································· 27
  2.8 动机拥挤理论 ······································ 28
  2.9 社会交换理论 ······································ 29
  2.10 本章小结 ·· 30
  本章主要参考文献 ······································ 30

第3章 自我效能和性别对服务业员工工作投入的调节作用 …… 33

- 3.1 引言 …… 34
- 3.2 文献综述 …… 35
- 3.3 研究方法 …… 40
- 3.4 结果 …… 41
- 3.5 讨论和结论 …… 48
- 本章主要参考文献 …… 51

第4章 情绪表达规则与情商对服务业管理者与非管理者工作投入的交互影响 …… 61

- 4.1 引言 …… 62
- 4.2 文献综述 …… 63
- 4.3 研究方法 …… 68
- 4.4 研究结果 …… 70
- 4.5 研究贡献、局限性和未来展望 …… 76
- 4.6 结论 …… 79
- 本章主要参考文献 …… 79

第5章 多任务处理要求对服务业员工顾客导向的影响机制——工作投入的中介作用 …… 85

- 5.1 引言 …… 86
- 5.2 文献综述 …… 88
- 5.3 研究方法 …… 92
- 5.4 结果 …… 94
- 5.5 讨论和结论 …… 101
- 5.6 研究总结 …… 103
- 本章主要参考文献 …… 103

第 6 章 外在动机和内在动机对服务业员工工作投入的影响——基于动机拥挤理论的检验 …… 113

6.1 引言 …… 114
6.2 文献综述 …… 115
6.3 研究方法 …… 122
6.4 研究结果 …… 125
6.5 讨论 …… 129
本章主要参考文献 …… 131

第 7 章 从内在动机到情感组织承诺——工作投入和自我效能的作用 …… 137

7.1 引言 …… 138
7.2 文献综述 …… 139
7.3 研究方法 …… 143
7.4 研究结果 …… 144
7.5 讨论和结论 …… 148
本章主要参考文献 …… 150

第 8 章 工作投入研究的知识图谱分析 …… 159

8.1 发文量趋势 …… 161
8.2 作者合作网络 …… 161
8.3 研究机构合作网络 …… 166
8.4 国家和地区分布 …… 169
8.5 关键词共现 …… 171
8.6 关键词聚类 …… 174
8.7 时区图 …… 176
8.8 时间线 …… 178
8.9 关键词突现 …… 180
8.10 文献共被引分析 …… 182

8.11　期刊来源分布 …………………………………………… 184

第9章　总结与展望 …………………………………………… 187

9.1　研究结论 …………………………………………………… 188

9.2　研究贡献及管理启示 ……………………………………… 190

9.3　研究局限性和未来研究工作的展望 ……………………… 191

附录 ……………………………………………………………… 193

附录1　自我效能和性别对服务业员工工作投入的调节作用
调查问卷 ………………………………………………… 194

附录2　情绪表达规则与情商对服务业管理者与非管理者工作
投入的交互影响调查问卷 ……………………………… 197

附录3　多任务处理要求对服务业员工顾客导向的影响机制
调查问卷 ………………………………………………… 199

附录4　外在动机和内在动机对服务业员工工作投入的影响
调查问卷 ………………………………………………… 201

附录5　从内在动机到情感组织承诺——工作投入和自我效能的
作用调查问卷 …………………………………………… 204

第 1 章

绪　论

1.1 研究背景

结构优化是中国经济新常态的三个显著特征之一。第三产业即服务业逐步成为主体是结构优化的一个具体表现。服务业作为现代产业体系的重要组成部分，在社会主义现代化强国建设中有着极为重要的地位。服务业是稳增长、促发展、优结构和增就业的关键力量。站在历史的角度综观全球主要经济体和产业演变规律，全球服务业比重不断上升是社会经济发展的基本趋势。如图1-1所示，2000—2019年国内生产总值（GDP）排世界前十的国家中，服务业就业人口一直保持上升趋势；除印度外，历年来其他GDP排世界前十的国家的服务业就业人口比例都远高于我国。在全球化、工业化、城镇化、技术创新和城乡居民收入不断增长等各个因素的驱动下，经过改革开放40多年来的快速发展，我国服务业整体实力迅速增强，迈上了新台阶。至2020年，服务业对GDP总值的贡献率达到了54.5%，服务业增加值对GDP增加值的贡献率达47.3%。服务业贸易增长速度显著快于加工货物贸易，服务业已经是我国对外开放的重中之重。预计到2035年，我国服务业增加值在三大产业增加值中的比重将达60.98%，服务业劳动就业人数将占总就业人数的59.12%，服务业劳动生产率将由2019年的14.55万元/人提高到2035年的28.23万元/人。图1-2、图1-3、图1-4分别展示了2011—2020年我国三大产业对GDP的贡献率、三大产业增加值对GDP增加值的贡献率和三大产业就业人数。因受新冠病毒感染疫情影响，2021年我国服务业的发展水平有所回落，但总体趋势是服务业不断发展，在国民经济发展中的地位越来越重要。

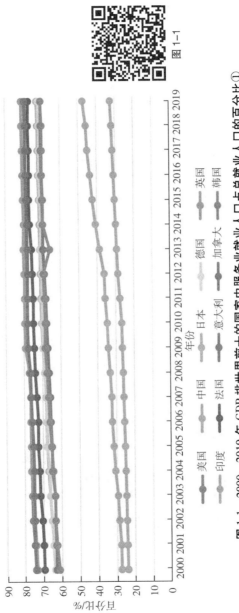

图1-1 2000—2019年GDP排世界前十的国家中服务业就业人口占总就业人口的百分比①

① 数据来源于www.worldbank.com

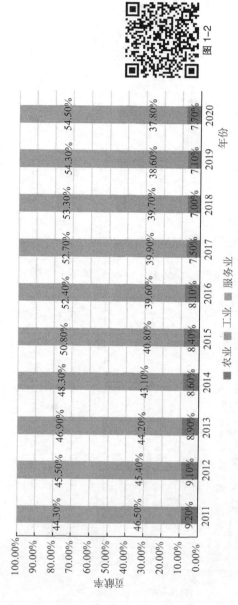

图 1-2 2011—2020 年我国三大产业对 GDP 的贡献率分布①

① 数据来源于《中国统计年鉴》。

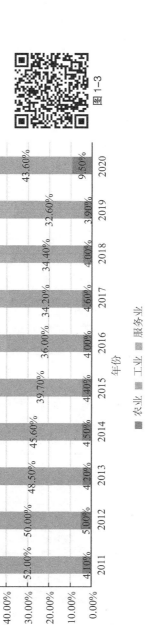

图 1-3　2011—2020 年我国三大产业增加值对 GDP 增加值的贡献率分布①

① 数据来源于《中国统计年鉴》。

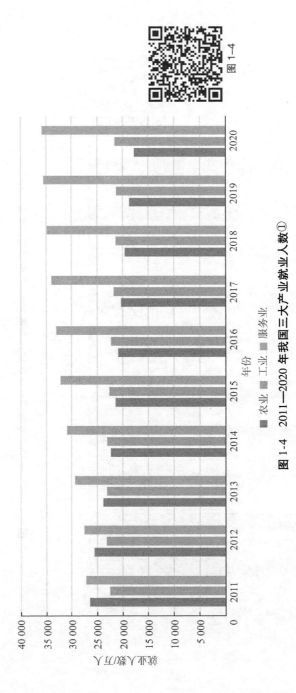

图 1-4 2011—2020 年我国三大产业就业人数①

① 数据来源于《中国统计年鉴》。

服务业是劳动密集型行业，人力资源是其核心竞争力所在。服务业工作的显著特点是劳动强度大、劳动时间长且要求员工工作时展现出令客户满意的情绪状态，但薪酬和社会地位低。在这种高工作要求和低工作回报的双重夹击下，服务业的员工流失率非常高。2019—2021年我国各行业离职率情况如表1-1所示。服务业的重要行业餐饮/酒店/旅游行业的高离职率体现出员工对行业的低认同度、对工作的低效忠度。

自2020年年初新冠病毒感染疫情暴发以来，服务业遭受的冲击最大。我国服务业对GDP的贡献率在2019年为54.3%，在2020年微升至54.5%，到2021年又下降到53.3%，在两年中整整下降了一个百分点。这表明服务业元气大伤。

表1-1 2019—2021年我国各行业离职率

行业	2019年	2020年	2021年
全行业	18.90%	14.80%	18.80%
餐饮/酒店/旅游	21.50%	16.50%	24.70%
文体/教育/传媒	16.40%	16.90%	24.50%
房地产	20.10%	14.90%	21.60%
高科技	20.60%	15.50%	20.90%
消费品	21.20%	15.90%	20.50%
制造业	20.70%	17.80%	20.30%
交通/运输/物流	16.80%	13.50%	17.70%
汽车	19.90%	14.80%	17.10%
贸易/批发零售	17.70%	14.50%	16.70%
金融	18.10%	13.20%	16.10%
生物医药	17.40%	12.90%	14.90%
专业服务	17.20%	12.60%	14.80%
能源化工	16.10%	12.10%	14.50%

注：本表数据来源于前程无忧网《2022离职和薪酬调研报告》。

1.2 问题的提出

任何行业的振兴和发展都需要其员工能够全身心地投入工作中。服务业作为劳动密集型行业，对员工工作投入的要求更高。许多研究都证实，员工全身心投入工作可以使他们在工作中更充分地发挥潜能。工作投入度高的员工对工作更满意，工作效率更高，对企业更忠诚，离职意向更低。员工工作投入可以促进企业收益的提高。对于服务业来说，提升员工工作投入度是提高客户满意度的必要保障。鉴于其重要性，近年来工作投入研究成为国内外学者研究的一个热点。然而，根据全球员工调查（Global Workforce Study）的数据，只有40%的员工在工作中投入度较高。员工对工作的不投入每年给美国造成约500亿美元的经济损失。根据中国人力资源开发网发布的中国职场人士工作倦怠现状调查报告，中国工作倦怠程度最高的十类企业中，服务类企业占据大多数。可见，员工工作投入度不高或工作倦怠仍然是一个普遍存在的问题，在离职率居高不下的服务业中更是如此。因此，不管是国内还是国外，对服务业员工工作投入进行更全面、更深入的研究都迫在眉睫。

本研究以服务业员工为样本，从人力资源管理的多个角度，针对员工工作投入进行深入的实证研究，以期揭示服务业员工工作投入的主要前因、结果及工作投入对服务业员工职场心理的作用，并探究提升服务业员工工作投入度的有效策略。

1.3 研究意义

1.3.1 理论意义

本研究具有以下理论意义：

第一，工作投入是随着积极心理学的发展而发展起来的学术概念，相对较新，与之相关的研究还有较大的领域需要探索，而本研究在一定程度上可以填充工作投入研究领域的空白。

第二，本研究聚焦服务业员工工作投入问题，能够延伸心理学、管理学等学科理论在服务业管理中的论证，丰富实证材料。

第三，本研究通过对工作投入相关的心理学、管理学等学科理论进行梳理，能为相关的理论延伸性研究提供必要信息，并为相关理论的融合发展奠定基础。

第四，本研究的实证数据既有来自中国的服务业员工样本，也有来自美国的服务业员工样本，因此本研究可为跨文化研究拓宽视野。

1.3.2 实践意义

本研究具有以下实践意义：

第一，本研究在理论梳理的基础上，通过实证研究探索服务业员工工作投入的前因，有助于服务业管理实践者制定相应的管理策略和管理方案，从而提升员工工作投入度。

第二，本研究对服务业员工工作投入后效的研究成果有助于服务业管理实践者了解工作投入在员工管理中的作用，并针对低工作投入度可能带来的不良影响开发和建立预防机制。

第三，本研究关于服务业员工工作投入对员工心理的作用的研究成果有助于服务业管理实践者掌握员工工作投入与员工个人心理、工作因素的交互作用关系，从而有效提升员工工作投入度和避免员工低工作投入度的消极影响。

第四，本研究的样本来自中国和美国，因此研究成果能为跨国服务性企业针对具有不同文化背景的员工采取更有效的管理和激励策略提供相应指导。

1.4 研究目标、内容与研究框架

1.4.1 研究目标和研究内容

本研究通过对与员工工作投入有关的管理学、心理学理论进行梳理，采用实证研究的方法，以服务业员工为样本，从多个角度切入，以期实现如下目标：

第一，通过文献和理论梳理，探究服务业员工工作投入的前因，探寻提升服务业员工工作投入度的个人和组织因素，为提升服务业员工工作投入度提供切实有效的建议。

第二，通过文献和理论梳理，验证服务业员工工作投入度对服务业重要元素的影响，明确提高员工工作投入度对服务业员工管理和绩效提升的作用。

第三，通过实证验证服务业员工工作投入与个人因素和工作因素的交互作用，揭示服务业员工工作投入在员工管理和激励中的作用机制，为服务业管理实践者制定有效的策略提供指导。

第四，采用中美两国的服务业员工样本对上述内容进行研究，为跨国服务性企业的多元化员工管理和激励提供指导建议。

第五，通过对2000年以来工作投入研究的知识图谱分析，展示工作投入研究的现状和趋势，为未来学者更深入地研究工作投入问题提供方向指引。

1.4.2 研究框架

本书后面各章内容分别安排如下：第2章介绍相关概念和理论；第3章介绍自我效能和性别对服务业员工工作投入的调节作用；第4章分析情绪表达规则和情商对服务业管理者和非管理者工作投入的交互影

响,以及这种交互影响在管理者与非管理者之间的差异;第5章探究多任务处理要求对服务业员工顾客导向的深层影响机制;第6章通过对比外在动机和内在动机对服务业员工工作投入的影响,检验动机拥挤理论;第7章探讨服务业员工从内在动机到情感组织承诺的发展机制,解释工作投入的中介作用和自我效能的调节作用;第8章对发表在被社会科学引文索引(SSCI)收录的国际知名期刊上的关于工作投入的文献进行知识图谱分析,展示国际上工作投入研究的现状和趋势;第9章对各个实证研究项目进行总结,并对未来服务业员工工作投入研究进行展望。

1.5 本章小结

本章以服务业的发展、服务业在经济社会中的地位、服务业员工管理的现状为主要内容,介绍了服务业员工工作投入的研究背景,提出了研究内容,阐述了研究意义,介绍了研究目标、研究内容和研究框架,为后续各章的深入阐述提供了基础背景信息。

第 2 章

相关概念与理论基础

2.1 基本概念

2.1.1 服务业

服务业的定义有广义和狭义之分。广义的服务业一般是指从事服务产品生产和销售的生产部门和企业的集合，是我国的第三大产业，也是我国国民经济结构中的最大产业，是推动我国经济增长的重要动力，对国内生产总值的贡献率逐年上升。服务业有服务产业和服务事业之分。以增值为目的而提供服务产品的生产部门和企业的集合叫服务产业；以满足社会公共需要为目的而提供服务产品的政府行为集合叫服务事业。狭义的服务业即服务产业。服务业范围广泛，涉及软件和信息技术服务业，信息传输、仓储和邮政业，租赁业，科学研究和技术服务业，金融业，水利、环境和公共设施管理业，居民服务、修理和其他服务业，教育，卫生和环保，文化、体育和娱乐业，公共管理、交通运输、社会保障和社会组织，农、林、牧、渔业中的农、林、牧、渔服务业，采矿业中的开采辅助活动，制造业中的金属制品、机械和设备修理业，国际组织，等等。广义的服务业分类如表2-1所示。

表2-1 广义的服务业分类

主类	亚类
交通运输、仓储和邮政业（可以认为是现代物流业）	1. 铁路运输业 2. 道路运输业 3. 城市公共交通业 4. 水上运输业 5. 航空运输业 6. 管道运输业 7. 装卸搬运和其他运输服务业 8. 仓储业 9. 邮政业

续表

主类	亚类
信息传输、计算机服务和软件业	1. 电信和其他信息传输服务业 2. 计算机服务业 3. 软件业
住宿和餐饮业	1. 住宿业 2. 餐饮业
金融业	1. 银行业 2. 证券业 3. 保险业 4. 其他金融活动
房地产业	房地产业
租赁和商务服务业	1. 租赁业 2. 商务服务业
科学研究、技术服务和地质勘查业	1. 研究与试验发展 2. 专业技术服务业 3. 科技交流和推广服务业 4. 地质勘查业
水利、环境和公共设施管理业	1. 水利管理业 2. 环境管理业 3. 公共设施管理业
居民服务和其他服务业	1. 居民服务业 2. 其他服务业
教育	包括初等教育服务、中等教育服务、高等教育服务、成人教育服务及其他教育服务
卫生、社会保障和社会福利业	1. 卫生 2. 社会保障业 3. 社会福利业

续表

主类	亚类
文化、体育和娱乐业	1. 新闻出版业 2. 广播、电视、电影和音像业 3. 文化艺术业 4. 体育 5. 娱乐业，包括娱乐服务、新闻机构的服务、图书馆、档案馆、博物馆及其他文化服务、体育及其他娱乐服务
公共管理和社会组织	1. 中国共产党机关 2. 国家机构 3. 人民政协和民主党派 4. 群众团体、社会团体和宗教组织 5. 基层群众自治组织
国际组织	国际组织

　　服务业经济活动的特点是服务产品的生产、交换和消费紧密结合。服务业经营上的特点主要包括：①经营范围的广泛性。服务业对经营品种没有限制，社会生产、流通、消费所需要的服务产品都涉及经营。服务业对经营地域也没有限制，可以在任何地方开展业务。因此在社会分工中，服务业是经营路子最宽、活动范围最广的行业。②服务项目的综合性。消费者对服务的需要具有连带性。例如酒店除住宿外，还需要有交通、通信、饮食、购物、娱乐、洗衣、理发、医疗等多种服务配合。③经营的分散性和地方性。服务业大多直接为消费者提供服务，而消费是分散进行的，所以经营具有分散性。各地的自然条件和社会条件不同，经济、文化的发展水平也有一定差别，尤其是一些为生活服务的行业，具有浓厚的地方色彩，所以服务业又具有较强的地方性。

2.1.2 工作投入

　　工作投入（Work Engagement）的概念是由卡恩（Kahn）于 1990 年提出的。他首先提出了个人投入（Personal Engagement）的概念。他认为个体与工作角色处于一种动态的相互转化的过程中。当工作投入度较高的时候，个体将自己的精力投入工作角色中，在工作角色中展现自我；而当工作投入度较低的时候，个体将自我从工作中抽离出来，难以创造出工作所需要的绩效，且会产生离职意向。卡恩将工作投入分为生理（Physical）投入、认知（Cognitive）投入和情绪（Emotional）投入三个维度。生理投入是指个体在工作时保持生理上的高活力；认知投入是指个体保持认知上的清醒状态和活跃程度，对工作要求和任务有清晰的认识；情绪投入是指个体保持与工作相关的其他人（如上级、下级、同事）的联系及对他人情感、情绪的敏感性。工作投入的这三个维度既相互联系，又相互独立。一个人可以保持高度的生理投入，但是其认知投入和情绪投入程度可能很低。反之亦然。

后来，肖菲利（Schaufeli）等（2002）将工作投入定义为一种与工作相关的积极的情绪、认知和生理状态。工作投入从快乐（Pleasure）和激发（Activation）这两个幸福感（Well-being）的维度来看，是工作倦怠（Burnout）的对立面。工作投入包含三个特征：活力（Vigor）、奉献（Dedication）和专注（Absorption）。活力是指员工具有充沛的精力和良好的心理韧性，主动为工作坚持不懈且不容易疲倦；奉献是指员工对工作具有强烈的自豪感、意义感及饱满的工作热情，可以全身心投入工作中，欣然接受工作的挑战；专注是指员工全神贯注于工作，以工作为乐，在工作中觉得时间过得很快，不愿意从工作中走出来。目前，肖菲利等对工作投入的定义被大多数学者和专业人士采用，用于考察许多行业的员工投入水平。

此外，霍尔伯格（Hallberg）和肖菲利（2006）曾提到，有许多学者和专业人士将工作投入与其他类似概念（如工作卷入、组织承诺和工作狂）混淆。其实，工作投入与这些学术概念有本质的不同。工作卷入（Job Involvement）是指个体心理认同其工作的程度，或工作在个体自我形象中的重要程度；它是个体工作绩效影响其自尊的程度（Lodahl, Kejner, 1965）。而工作投入是指一个人在心理上投入并享受工作，而不考虑工作的特点或重要性。组织承诺（Organizational Commitment）被定义为一个人为了实现组织目标而对组织产生的情感依恋。而工作投入是一种对工作而不是对组织的心理状态。工作狂（Workaholism）也不同于工作投入者。有研究人员指出，工作投入度高的员工之所以努力工作，是因为他们觉得工作充满挑战和乐趣，而工作狂之所以努力工作，是因为他们内心有一种强烈的冲动，无法抗拒。工作狂不一定能从工作中获得乐趣。

总之，工作投入是一种与工作相关的积极、完满、充实、富有激情的心理、生理和认知状态。工作投入对员工个体的工作表现、工作绩效、工作态度和工作行为及对组织的客户满意度、生产效率、经营绩效等都有着重要的影响。员工个体的工作投入受到员工个体因素、工作相关因素及家庭相关因素的影响。

2.2 工作要求-资源模型

工作要求-资源模型（Job Demand-Resource Model，JD-R 模型）是一个有关职业压力的模型。根据工作要求-资源模型，工作特征可以从工作要求和工作资源两个维度来分类。工作要求是指工作对个体的生理、心理、时间、资源、社交能力等方面的要求，是那些需要个体付出相应的努力或成本的因素。工作要求是工作中消耗个体精力的负向因素，例如工作负荷、角色冲突、时间压力、工作不安全感等。工作资源是工作中的正向因素，是指工作中与生理、心理、社会或组织等方面相关且具有以下某项或多项功能的因素：① 促进工作目标的实现；② 减少工作要求和与之相关的心理、生理成本；③ 促进个人成长、学习与发展。例如，同事的支持（帮助实现工作目标）、工作自主性（可能降低工作要求）、绩效反馈（可能促进学习）等。

工作要求-资源模型在核心内涵的基础上还发展出三个核心假设：

第一，"双路径"假设，即工作对员工存在损耗与增益两条影响路径。首先，损耗路径，即健康损耗过程，是由过高的工作要求和缺乏工作资源所引发的工作倦怠，将导致消极的工作结果，如病假、低工作绩效、低水平组织承诺等。当工作要求（负向因素）持续较高而没有被工作资源（正向因素）弥补时，员工的精力就会在工作过程中不断损耗，最终可能导致精力衰竭（倦怠），进而对员工个人（例如健康问题）和组织（例如工作绩效）产生消极影响。其次，增益路径，即动机过程，由充裕的工作资源激发，通过提高员工的工作投入度，进而产生积极影响，包括高水平组织承诺、高水平留职意向、高工作绩效等。需要指出的是，工作要求高与工作资源少都会导致倦怠。只有工作资源多（而不是工作要求低）才能提高工作投入度。事实上，工作资源拥有天然的动机特性，可以激发员工的动机，提高工作投入度，进而产生积极影响。因此，增加工作资源（例如社会支持、工作自主性与反馈）有"一举两得"的效果：抑制倦怠和提高工作投入度。降低工作要求（例如工作过载、角色冲突和工作不安全感）只能对倦怠产生影响而不能提高工作投入度。"双路径"假设得到了一系列实证研究的检验。

第二，"缓冲"假设，即工作资源能够缓冲高工作要求对员工的损耗，即工作资源能够减轻工作要求对员工的消极影响。当员工在工作中拥有自主性，得到及时反馈、社会支持，拥有高质量的上下级关系时，工作过量、工作和家庭冲突、情绪要求和体力要求等并不会使员工产生高水平倦怠。工作资源在高工作要求对员工工作倦怠的消极影响中起调节作用：在高水平工作资源作用下，高工作要求对员工工作倦怠的消极影响减小；在低水平工作资源作用下，高工作要求对员工工作倦怠的消极影响会增大。

第三，"应对"假设，即员工在挑战性环境（高工作要求）下才能更好地将高水平工作资源转化为高工作绩效。在高工作要求作用下，员工会更充分地投入工作，调用已有的大量工作资源完成工作目标，从而获取更多的新资源。比如，被迫在极为有限的时间内完成某一项目会促进员工绩效的提高。也就是说，在高工作要求作用下，员工会充分利用工作资源，更好地投入工作，完成工作目标。当员工处于高工作要求环境中时，员工工作绩效等结果变量会更优。

工作要求-资源模型经历了四次演变：

第一，最早（2001年）的工作要求-资源模型解释工作倦怠。工作倦怠是一种与工作压力有关的长期的心理状态，其特征是情绪衰竭（情感枯竭）、去个人化（工作怠慢与热情丧失）、自我效能感降低（怀疑自身工作能力及成就）。

第二，工作投入被纳入工作要求-资源模型。工作投入是一种积极的、充实的心理状态。其特征是活力（充沛的精力与坚韧性）、奉献（对工作富有意义感、自豪感与挑战感）、专注（对工作全神贯注并很乐意沉醉于工作）。

第三，心理资本被纳入工作要求-资源模型。心理资本被定义为与心理韧性有关的积极的自我评价和个人认为自己的能力能够成功控制和影响环境的心理信念。心理资本包括自我效能感、韧性、乐观和基于组织的自尊感。

第四，参与型领导被纳入工作要求-资源模型。参与型领导具体包括以下几个核心特征：扎根于自我决定理论（相信自主感、归属感、胜任感的力量），关注如何提升员工工作投入度，不仅关注个体因素，还关注社会与团队层面的因素。参与型领导激励追随者（例如对追随者的愿景和计划进行有效的激励），支持追随者（例如给予追随者自由和责任），联结他们的追随者（例如鼓励团队合作）。通过激励、支持和加强联系，促进追随者的自主权、能力展现和关系联结这些基本心理需求的满足。参与型领导分别通过减少工作要求和增加工作资源来间接地减少追随者的工作倦怠和提高追随者的工作投入度。例如，参与型领导给追随者提供组织资源（例如强调价值一致性、信任和公正）和极力减少他们的组织要求（例如通过规避官僚主义和进行适当的组织变革）。此外，参与型领导为追随者提供工作资源（例如授权、技能使用、多样化任务）和发展资源（例如绩效反馈、职业前景），并关注他们的定性和定量工作要求（例如工作负荷、情感需求和工作-家庭关系平衡）。最后，参与型领导通过给追随者提供社交资源来与之建立更多的联系（例如良好的团队氛围）。总之，参与型领导减少了对追随者的工作要求，因此减少了追随者的工作倦怠；与此同时，他们增加了追随者的工作资源，因此提高了追随者的工作投入度。

工作要求-资源模型是一个全面综合的模型，既包括一个积极的动机过程，又包括一个消极的压力过程，可以用来作为组织的整体指导方针。该模型既整合了组织健康的视角（减少工作压力和倦怠），又整合了人力资源的视角（增加工作动机和投入），并囊括了大范围的工作和个人特征及工作变量，因而被广泛地应用于各种类型的组织管理当中。图 2-1 展示了工作要求-资源模型所涉及的各因素和变量之间的关系。

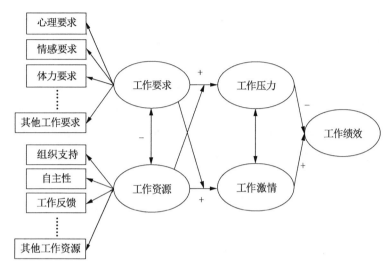

图 2-1　工作要求-资源模型

2.3　资源保存理论

资源保存理论（Conservation of Resources Theory，COR）也是一种压力理论，描述了驱动人类既保持现有资源又追求新资源的动机。这一理论是由霍布福（Hobfoll）博士于 1989 年提出的。霍布福认为，当存在资源损失的威胁、资源的实际净损失及资源支出后缺资源补充等情况时，个体将会产生一定程度的压力反应。这里所说的资源包括人们重视的事物、状态和条件。

资源保存理论涉及保护资源不丢失的两个基本原则。第一个原则被称为资源损失优先原则。该原则指出，与获得资源相比，个人失去资源的危害更大。这意味着，工资的损失所带来的伤害对个人的影响要大于等量工资增长所带来的好处对个人的影响。第二个原则是资源投资原则。资源保存理论的这一原则表明,人们倾向于投资资源,从损失中恢复,并获得资源。根据这两个原则,资源保存理论研究者提出了一些可以应用于资源变化的推论。具体如下:① 拥有较多资源的个人将获得资源收益。同样,资源较少的个人更有可能经历资源损失。② 最初的资源损失将导致未来的资源损失。③ 最初的资源收益将带来未来的资源收益。④ 资源的缺乏将不可避免地导致保护剩余资源的防御性尝试。

资源保存理论被推广用于研究工作/家庭压力、倦怠和一般压力。在工作/家庭压力方面,资源保存理论研究关注了个人资源的分配是如何影响家庭生活的。一些研究发现,将过多的资源投入工作中可能会导致家庭问题。一些对资源保存理论和倦怠的研究考察了资源的使用如何影响一个人的情感,结果发现,情感衰竭与抑郁症状的关系最为密切。关于一般压力,一些研究探索了资源的损失如何影响一个人的压力水平。文献元分析表明,资源保存理论主要用于职业倦怠和工作领域的研究。

2.4 工作要求-控制模型

工作要求-控制模型(Job Demand-Control Model,JD-C model)同样是有关工作压力的模型,也是有关工作要求和工作压力方面最著名的模型之一。它强调了两个重要方面:工作要求和工作控制。工作要求是指在工作中设定的要求,包括工作速度、时间压力、工作负荷和工作难度等。这些要求是工作环境中的心理压力源。工作控制是员工控制和开展自己工作的自由,具体指的是员工对其工作任务及如何执行这些任务的控制权限,包括能力和决策权。工作要求-控制模型表明,工作要求本身不会导致心理压力。工作压力是工作要求和工作控制结合的结果。员工按照自己的想法开展工作的自由度有限,就可能会导致压力症状。个体如果可以自己自由安排工作,就会更有动力,进而可以更充分地处理工作要求。

工作要求-控制模型旨在平衡工作要求和工作自主性(个体拥有的

决策自由度)。罗伯特·卡拉塞克（Robert Karasek）认为，那些工作要求很高的员工，如果不能决定什么时候做工作，就会有很大的压力。一旦控制要素（工作自主性）变得更少或几乎不存在，工作负荷就会更高，从而导致更大的压力。相反，尽管工作要求很高，但个人如果对工作有很好的自主权，就会感觉压力小得多。在对工作时间和截止日期进行限定的工作中，员工所经历的压力比他们能够决定时间安排时的压力要大得多。因此，与任务的复杂性和高要求相比，工作的自主性权限对员工压力的形成和缓解尤为重要。

罗伯特·卡拉塞克将工作要求-控制模型用一张象限图来表示（图2-2）。x 轴表示工作要求，y 轴表示工作控制，即工作自主性。这个工作要求-控制模型象限图反映出以下四种模式：

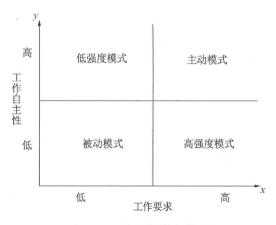

图 2-2　工作要求-控制模型

1. 低强度模式

在低强度模式象限中，工作要求较低，员工对工作的自主性高。尽管从事这类工作的员工对工作有自主性，但是因为工作要求低，员工的内在动机水平会很低。因此低强度模式的工作没有挑战性，因而员工很容易对工作感到厌烦。

2. 高强度模式

在高强度模式象限中，工作要求非常高，且员工几乎没有自主控制权，必须按照指示行事。因此这类工作对员工的压力风险非常高。

3. 被动模式

在被动模式象限中，工作要求不高。这类工作都是较为简单的工作，包括许多重复性和生产性工作，且员工没有决策自由度。尽管这类工作的压力风险最低，但是从事这类工作的员工很少表现出主动性，他们对工作持观望和被动态度。

4. 主动模式

在主动模式象限中，工作要求很高，员工的自主性也高，员工可以决定什么时候工作。尽管这类工作难度大、要求高，但员工因为具有较高的决策自由度，所以也不容易感到工作压力大。根据罗伯特·卡拉塞克的说法，此类型的工作提供了足够的内在动机，员工乐于接受新的挑战，并为后续的发展和挑战创造了空间。

工作要求-控制模型关注的是员工任务与自主性之间的平衡。这表明，那些工作压力大、控制力差的人，承受压力的风险会增加。工作要求-控制模型的特点是简单、直观，可用于识别和分析员工的心理疲劳或工作相关压力。该模型还为员工心理干预提供了指引。例如，如果员工因需要完成大量任务而感到工作压力大，那么管理者最好询问他对工作的自主性程度是否满意，并提供相应的自主性权限，以减轻员工的压力和激发工作热情。管理者的任务是与员工讨论这一点，并提出共同的解决方案。因此，工作要求-控制模型也可以用来衡量员工的满意度和动机。

2.5 压力认知评价理论

长期以来，人们一直认为压力是负面的，应该尽可能地预防或消除，因为它与身体和精神障碍及生产力下降等负面结果有关。后来，一些研究人员开始思考压力是否有任何潜在益处，并声称一定程度的压力可能会给个人带来积极的影响。有研究指出，与积极结果相关的不是压力水平，而是压力类型。相关理论被称为压力认知评价理论（Lazarus, Folkman, 1984）。

根据压力认知评价理论，员工对来自工作要求的压力的评价结果分为两种类型：挑战型压力源和阻碍型压力源。员工如果认为某种压力源有可能促进个人成长，就会将该压力源评价为挑战型压力源；而员工如果认为某项工作要求会限制个人发展和与工作相关的成就，则会视其为阻碍型压力源。挑战型压力源尽管会给员工个体造成压力，但会激活员工个体的积极情绪并激发个人努力，因此与工作结果呈正相关。相反地，阻碍型压力源会引发员工个体的负面情绪和减少工作动力，因此与工作结果呈负相关。（Lepine，Podsakoff，Lepine，2005）

卡瓦诺（Cavanaugh）等（2000）的实证研究利用压力认知评价理论，总结了两类工作因素：第一类因素包括强工作负荷、大工作范围、长工作时间和强责任心等。这类工作因素需要员工克服相关障碍，有助于他们的学习和成长，因此，被称为"挑战型压力源"。另一类因素包括组织政策、角色模糊性和工作不安全感等。这类因素被认为无助于个人的学习和成长，因而被称为"阻碍型压力源"。卡瓦诺等（2000）的回归分析结果表明，挑战型压力源与工作满意度呈正相关，与离职呈负相关；阻碍型压力源与工作满意度呈负相关，与求职呈正相关。博斯伟尔（Boswell）等（2004）利用低级别员工样本对卡瓦诺等的研究结果进行了验证，验证结果与其一致。

此外，值得注意的是，将工作因素归类为挑战型或阻碍型压力源并不是简单统一的，在很大程度上与个体所在的行业或岗位性质有关。例如，时间压力会加剧护士的工作压力和挫败感，因此护士会将时间压力视为阻碍型压力源；而记者通常将紧迫的时间要求看作挑战型压力源。（Bakker，Sanz-Vergel，2013）

2.6 特质激活理论

特质激活理论（Trait Activation Theory）是一个有关工作绩效的理论。具体来说，该理论关注个体在与某些人格特质相关的情境线索下如何表达自己的特质。情景线索包括来自组织、社交或工作任务的线索。

这些线索可以激活与工作任务和组织期望（即工作绩效）相关的人格特质。这些线索还可能引发与工作绩效不直接相关的特质相关行为。

根据泰德（Tett）和伯内特（Burnett）（2003）提出的基于特质的工作绩效模型（图2-3），特质激活理论研究者提出了三个首要原则：① 特质在工作行为中表现为对特质相关情境线索的反应；② 特质相关情境线索的来源可以分为三个层次，即任务、社交和组织；③ 特质表达型工作行为不同于工作绩效，工作绩效用最简单的术语可定义为有价值的工作行为。

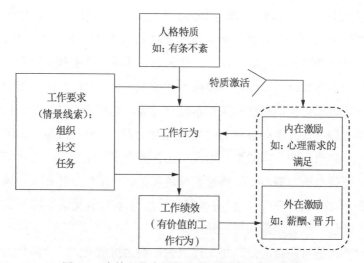

图2-3 泰德和伯内特提出的特质激活理论模型

特质激活理论表明，员工会从工作环境中寻找并获得内在的满足感。这种工作环境允许他们轻松地表达自己独特的个性特质。然而，该理论规定，只有在这些人格特质被重视（特质的表达有利于高质量地完成工作任务）的情况下，"激活"特质才能带来更好的工作绩效，并有可能带来后续的外在回报（如薪酬和其他福利）。简而言之，一个有利于自然和频繁地表达个性特质的工作环境或工作要求对员工来说是有吸引力的。例如，性格外向与社交能力和寻求他人陪伴有关。如果销售人员在执行与销售相关的工作任务时，通过与客户的互动激活了某种特质，那么他可能会期望这种特质的激活能带来良好的工作表现和潜在的后续物质回报。特质激活理论并没有假设特质无关的情况会导致表现不佳。相反地，该理论表明，缺乏特质激活会削弱特质-绩效关系。

特质激活理论为情境特异性提供了论据，也就是说，一个人的特质是否会带来更好的工作绩效取决于工作情境。因此，该理论的支持者认为，与特质相关的情境比与特质无关的情境更有利于产生良好的工作绩效。例如，在工作环境中，员工可能被分配到不能激活其某方面特质的工作岗位，因而该员工的工作绩效就可能不尽如人意，进而被认为不成功。而当员工被分配到与其特质相匹配的工作岗位时，他可能就会做出优秀的工作成果。

当组织懂得如何利用不同的情境线索激发员工的相关特质时，组织就有机会"激活"其最有价值的情境和员工特质，并根据这些特质选择员工。组织还可以使用特质激活理论来加强工作申请者的应聘体验。特质激活理论还能帮助组织理解如何通过为员工提供适合其个人特质的奖励来更有效地激励员工。

2.7 行为可塑性理论

行为可塑性理论（Behavioral Plasticity Theory）是关于个体行为可塑性的理论。该理论最初只讨论个体的自尊（Self-esteem）水平对个体行为可塑性的影响，相关模型如图2-4所示。具体来说，情境线索如工作场景中的组织支持、领导风格、工作要求等对低自尊水平的个体会产生更显著的影响，即低自尊水平的个体行为可塑性更强，而高自尊水平的个体行为可塑性相对较弱。原因至少有两个（Brockner, 1988）：首先，由于低自尊水平的人不太确定自己的态度和行为是否合适，他们会更容易受到这些线索的影响。其次，高自尊水平的人相对更有能力处理自己面临的难题或挑战，不需要不断地根据环境变化调整态度和行为。因此该理论认为，自尊水平决定着个体的行为可塑性。根据该理论，在资源有限的情况下，管理者可将有限的激励资源提供给低自尊水平的员工，因为这些激励资源在他们身上所起的作用将会更明显。随着学术研究的发展，有的学者对行为可塑性理论进行了延伸。有的学者发现，除了自尊水平以外，其他心理因素如自我效能等也对个体的行为可塑性有影响，即情景线索对低自我效能水平的个体的影响大于对高自我效能水平的个体的影响。

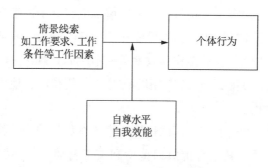

图 2-4　行为可塑性理论模型

2.8　动机拥挤理论

　　动机拥挤理论是来自心理学和微观经济学的理论，它表明为某些行为提供外在激励（物质性激励）有时会破坏执行该行为的内在动机（非物质性激励，如兴趣、责任心等），因此会导致这些行为的减少或表现下降。

　　动机拥挤理论的典型研究要求受试者完成一些任务，并将受试者分为两组：一组被承诺完成任务后会得到物质性奖励，另一组则没有获得这样的承诺。待两组都完成任务后，研究人员测量了受试者完成任务的动机、不需要额外补偿而愿意完成额外任务的意愿。与未获得物质性奖励的那组受试者相比，得到物质性奖励的那组受试者表现出较低水平的对完成任务的整体兴趣和意愿。这个过程被称为"挤出"，即受试者的内在动机（兴趣和意愿）被物质性奖励挤出了。一项 2020 年的研究回顾了 100 多项有关动机拥挤理论的实证研究，并进行了实验，发现为受试者感兴趣的任务提供物质性奖励可以提高他们的表现水平，但在预期之后被取消物质性奖励会导致个人表现比他们起初没有获得物质性奖励时的表现更差。

动机拥挤理论提示管理者谨慎使用物质性奖励，因为物质性奖励会将员工的内在动机挤出，导致员工对工作任务失去兴趣和原本应该有的意愿。如果不能持续给予物质性奖励的话，这种挤出效应所带来的负面影响则会更明显。因此，不提供物质性奖励对员工个体的内在动机会有一定程度的保护作用。尽管物质性奖励在短期内可以激发员工工作热情，但是因为物质性奖励所带来的外在动机不具备长久性，所以物质性奖励宜谨慎使用。

2.9 社会交换理论

社会交换理论认为社会行为是交换过程的结果。这种交换的目的是利益最大化和成本最小化。根据这一理论，人们会权衡社会关系的潜在回报和风险。当风险大于回报时，人们就会终止或放弃这段关系。大多数关系都是由一定数量的给予和接受组成的，但这并不意味着它们总是平等的。社会交换理论表明，决定我们是否选择继续建立社会联系的是对每种关系的收益和成本的评估。这种社会交换理论已被用于各种领域，如社会学、心理学、管理学甚至经济学。

在人力资源管理领域，根据社会交换理论，员工会评估自身的付出和从组织中所得。如果付出大于所得，员工就会产生不公平感，从而会减少付出，甚至离开组织；如果员工认为自己的付出小于从组织中所得，员工就会增加付出。社会交换理论给管理者的启示是，管理者和组织要给予员工足够的回报。回报可以是外在的物质性回报（如奖金、晋升等），也可以是内在的非物质性回报（如增加工作的乐趣、增强员工的被尊重感等）。

2.10 本章小结

本章梳理了服务业和工作投入的概念,以及与员工工作投入有关的几个经典的管理心理学模型和理论。这些模型和理论包括工作要求-资源模型、资源保存理论、工作要求-控制模型、压力认知评价理论、特质激活理论、行为可塑性理论、动机拥挤理论和社会交换理论。这些模型和理论都与个体的行为及工作业绩如何受到个体特征(如自尊水平、自我效能水平)和情景线索(如工作资源、工作自主性、外在激励等工作因素)的影响,以及如何根据这些因素发生改变有关。工作投入作为一种员工工作时的心理状态,与这些模型和理论中涉及的各个变量均有一定的关联。这些模型和理论为研究员工工作投入提供了坚实可靠的基础。在研究员工工作投入的时候,研究者需要重视这些理论所提示的前提假设。

本章主要参考文献

[1] BAKKER A B,SANZ-VERGEL,A I. Weekly work engagement and flourishing: the role of hindrance and challenge job demands[J]. Journal of Vocational Behavior,2013,83(3): 397 – 409.

[2] BOSWELL W R, OLSON-BUCHANAN J B, LEPINE M A. Relations between stress and work outcomes: the role of felt challenge, job control, and psychological strain[J]. Journal of Vocational Behavior,2004,64(1): 165 – 181.

[3] BROCKNER J. Self-esteem at work: research, theory, and practice [M]. Lexington, MA: Lexington Books,1988.

[4] CAVANAUGH M A,BOSWELL W R,ROEHLING M V,et al. An empirical examination of self-reported work stress among U.S. managers[J]. Journal of Applied Psychology,2000,85(1): 65 – 74.

[5] LAZARUS R S, FOLKMAN S. Stress, appraisal, and coping[M].

New York, NY: Springer Publishing Company, 1984.

[6] LEPINE J A, PODSAKOFF N P, LEPINE M A. A meta-analytic test of the challenge stressor-hindrance stressor framework: an explanation for inconsistent relationships among stressors and performance[J]. Academy of Management Journal, 2005, 48(5): 764 – 775.

[7] TETT R P, BURNETT D D. A personality trait-based interactionist model of job performance[J]. Journal of Applied Psychology, 2003, 88(3): 500 – 517.

第 3 章

自我效能和性别对服务业员工工作投入的调节作用

本研究的目的是检验自我效能和性别对员工工作投入的调节作用。本研究对149名美国餐厅员工进行了问卷调查，并采用多元回归分析方法对数据进行了分析。研究结果显示，自我效能显著调节组织支持对工作投入的影响，但自我效能的调节作用仅对低自我效能水平的女性员工显著。自我效能不能调节工作投入对离职意向的影响。本研究对管理餐饮业工作场所中具有不同自我效能水平的男性员工和女性员工提出了建议。

3.1 引 言

提升工作投入度可以让员工充分发挥工作潜能。工作投入度高的员工对工作更满意（Lu, Lu, Gursoy, 2016），并且有更高的工作效率。员工的工作投入度高将对商业利润产生积极的影响。因此，近些年，工作投入问题在商业、咨询领域和学术界获得了相当大的关注度（Bakker, Demerouti, 2008）。然而，根据2014年全球劳动力研究，只有40%的员工高度投入工作。因此，员工的工作投入问题仍然被认为是企业管理中最大的挑战之一（Iqbal, Khan, Igbal, 2012）。美国的工作投入情况更糟。根据盖洛普（Gallup）2013年的一份报告，美国只有30%的员工对工作投入。在美国，员工对工作的不投入每年给公司造成3 000亿美元的生产效率损失（Saks, 2006）。因此，美国的员工工作投入问题值得特别关注。

关于工作投入问题的现有研究文献主要侧重确定其预测因素和结果。有关工作投入和工作资源相互关系的个体差异研究相对滞后。很少有人致力解释个体差异如何影响工作投入与工作资源（如组织支持）之间的关系，工作投入和自我效能对离职意向的潜在交互作用也很少在文献中被提及。此外，工作资源（如组织支持）和个体差异（如自我效能）对工作投入的交互作用是否存在性别差异也尚不清楚。

在款待业领域，对工作投入的研究相对缺乏。款待业（Hospitality Industry）是服务业中的一个重要且广泛的行业，包括住宿、餐饮服务、活动策划、旅游和康养等涉及招待或款待的所有行业。与其他行业的员工相比，款待业员工通常面临更大的心理压力（Kusluvan, Kusluvan, Ilhan, et al, 2010），原因包括工作时间不规范和轮班工作（Mills, Taht, 2010）、不健康的工作条件（Gaydos, Bhatia, Morales, et al, 2011）、工作时间长（Dembe, 2009）、工资低（Kusluvan, Kusluvan, Ilhan, et al, 2010）和广泛的情绪劳动（Pizam, 2004）。心理压力大会阻碍工作投入（Mauno, Ruokolainen, Kinnunen, et al, 2016）。因此对款待业员工工作投入的研究有待深入。

本研究以149名美国餐饮业员工为研究对象，考察了员工自我效能对组织支持、工作投入和离职意向之间关系的调节作用，以及调节作用的性别差异。本研究在以下几个方面做出了贡献：① 增加了对餐饮业员工工作投入的研究；② 考察了自我效能在美国餐饮业员工组织支持与工作投入之间的调节作用；③ 考察了自我效能在餐饮业员工工作投入与离职意向之间的调节作用；④ 考察了餐饮业员工自我效能对工作投入的交互作用是否具有性别依赖性。

3.2 文献综述

3.2.1 工作投入

工作投入被定义为一种积极的情感动机状态，以活力、奉献和专注为特征。对工作投入的员工在工作中有高度的精力和热情（May, Gilson, Harter, 2004），因此，这些员工的工作效率更高。众多学者认为，工作投入会带来多种积极的绩效结果，如更高的工作满意度、更低水平的离职意向、更积极的工作行为和更高水平的组织承诺。

以往的研究主要探讨了工作投入的前因和结果。根据以往研究者的综述，工作资源（组织前因，如自主性、绩效反馈和组织支持感）和个体资源（个体前因，如乐观、自我效能和自尊）是工作投入的两类主要预测因素（Akhtar，Boustani，Tsivrikos，et al，2015；Song，Chon，Ding，2015）。然而，很少有研究关注影响工作投入与其前因或结果之间关系的因素。因此，对工作投入的调节变量进行深入研究是必要的。

3.2.2 组织支持与工作投入

组织支持是指雇主关心员工的幸福和重视他们对组织的贡献的程度（Eisenberger，Huntington，Hutchison，et al，1986）。员工将组织支持理解为雇主对他们的承诺（Rhoades，Eisenberger，2002）。这种支持反过来又激励员工更加努力地工作。组织支持在管理领域引起了极大的研究兴趣（Cho，Johanson，Guchait，2009；Rhoades，Eisenberger，2002）。

社会交换理论（Social Exchange Theory）通常用来解释组织支持的积极影响。该理论认为人际关系是通过主观的成本-收益分析和成本-收益比较形成的。当员工得到组织的支持时，他们觉得有义务以同样的方式回报组织（Cropanzano，Mitchell，2005）。正如萨克斯（Saks）(2006) 所肯定的那样，员工回报组织的一种方式是更充分地投入他们的工作中，并将更多的认知、情感和体力资源投入工作中。钟（Zhong）等（2016）的研究表明，组织支持是工作投入的重要来源。组织支持对工作结果的影响因行业而异（Rhoades，Eisenberger，2002）。这一观点表明，有必要在特定的行业领域验证组织支持对工作投入的影响，比如餐饮业。基于社会交换理论和其他行业中组织支持与工作投入之间关系的研究结果，我们提出以下假设：

假设 1（H1）：组织支持能提高餐饮业员工的工作投入度。

3.2.3 工作投入和离职意向

由于餐饮业员工的高离职率，员工离职问题一直是餐饮业学术界和行业的热门话题（Tracey，Hinkin，2008）。研究人员一直在努力探索如何最好地减少餐饮业员工离职。员工离职行为的重要预测因素之一是离职意向（Ghiselli，La Lopa，Bai，2001）。因此，学者们对员工的离职意向给予了高度关注。一些研究人员认为，较高的工作投入水平会显著减少员工的离职意向（Saks，2006）。这一趋势很明显，因为全身心投入工作的员工对工作的满意度更高，也更喜欢自己的工作。这类的员工不愿意离开他们的工作岗位。然而，应该注意的是，尽管对工作投入的员工喜欢他们的工作，但他们不一定不愿意离开具体的组织，因为工作投入是对工作的投入，而不是对组织的投入。工作投入度高的员工也可能想离开本组织，在另一家组织找到同样的工作。因此，研究工作投入是否能减少餐饮业员工的离职意向是必要的。在本研究中，我们提出以下假设：

假设2（H2）：工作投入能减少餐饮业员工的离职意向。

3.2.4 自我效能的调节作用

根据班杜拉（Bandura，1986）的研究，自我效能是个体对自己组织和执行行为产生特定成就所需的行动能力的信念，也即对自己是否能够成功地进行某一成就行为的主观判断。自我效能水平高的人能够控制和掌握与任务相关的行为（Stucliffe，Vogus，2003）。近年来，自我效能在组织行为学文献中获得了相当多的关注（Tierney，Farmer，2011）。实证研究表明，自我效能水平高的员工即使在困难的工作环境中，也很自信，对工作持积极态度（Ballout，2009）。自我效能水平高的员工通常在工作中表现得更好（Karatepe，Arasli，Khan，2007），在职业选择中更积极主动，决策更有效（Lent，Hackett，1987），工作出勤率更高（Latham，Frayne，1989）。相反，自我效能水平低的员工在工作中是被动的，会过早地放松，更容易在分配的任务中失败（Karatepe，Arasli，Khan，2007）。同时，由于自我效能水平高的员工对自己更有信心，对生活和工作有更积极的态度，并体验到较小的压力，因此，他们不大可能受到负面环境和心理状况的困扰，会更专注于他们的工作（Xanthopoulou，Bakker，Demerouti，2007）。

除了以上讨论的自我效能对行为改变的直接影响外，研究者还指出了自我效能的调节作用。例如，基米森（Jimmieson）2000年报告说，增加工作控制能够减少工作压力的有害影响，但这种影响只对自我效能水平高的员工显著。萨克斯（1995）发现，培训可以更有效地促进自我效能水平高的新员工适应工作和环境。在斯皮尔（Speier）和弗雷斯（Frese）（1997）的研究中，工作中的控制和复杂性对自我效能水平高的员工个人主动性的影响更大，而对自我效能水平低的员工个人主动性的影响较小。有研究指出，对于自我效能水平低的个体，情绪需求/情绪规则失调对工作投入的负面影响更大。

自我效能的调节作用可以用行为可塑性理论来解释。根据行为可塑性理论，低水平自尊/自我效能的个体比高水平自尊/自我效能的个体更具行为可塑性，即更易受外界影响。在工作场所，自我效能水平低的个体更容易受到工作环境和组织特征的影响。

根据行为可塑性理论，自我效能感弱的员工更容易受到组织支持缺乏的影响，但在组织支持增加的情况下更具可塑性。相反，自我效能感强的员工受外部因素（如组织支持）的影响较小，因为他们强烈的自我效能感弥补了情境支持的缺乏。换句话说，自我效能水平高的员工可能不像自我效能水平低的员工那样需要同样多的组织支持来维持同样的工作投入水平。另外，自我效能水平低的员工，如果他们所处的情况是不利的，可能会很快放弃。不过，这一推论还有待实证研究的检验。因此，我们提出以下假设：

假设3（H3）：自我效能能调节组织支持对餐饮业员工工作投入的影响。

有学者指出，虽然工作投入可能会减少餐饮业员工的离职意向，但他们的投入状态相对稳定，不易改变（Mauno, Kinnunen, Ruokolainen, 2007）。这表明，有一些因素可以调节工作投入和离职意向之间的关系。正如前面提到的自我效能理论所表明的，自我效能水平低的员工通常有较大的工作压力和消极的工作态度（Bandura, 1986）。因此，他们可能更有可能考虑辞职，即使他们实际上正在从事自己的工作。根据这一概念，我们提出以下假设：

假设4（H4）：自我效能能调节工作投入对餐饮业员工离职意向的影响。

3.2.5 性别对自我效能与工作投入关系的调节作用

男性和女性的家庭和社会角色不同，在工作场所的表现也不同（Kara，Uysal，Magnini，2012）。例如，女性常有较大的家庭和工作压力，并认为家庭和工作角色都非常重要；相反，男性更可能将工作置于家庭之上（Cinamon，2006），并且在平衡家庭和工作方面的困难较小（Artazcoz，Benach，Borrell，2004）。女性在倦怠时控制感较弱，男性则没有（Robinson，2004）。女性在个人和职业环境中能感受到更高水平的支持，并且比男性更重视情感支持（Hammer，Neal，Newsom，et al，2005）。女性比男性更倾向于采取情绪化和回避的复制策略（Matud，2004）。研究还表明，女性比男性更容易从事涉及社交或人际技能的工作。因此，与男性相比，女性更擅长服务型工作（Tyler，Taylor，2001）。可能正因为如此，大多数款待业工作人员是女性。然而，以往的研究表明，在款待业中，女性和男性并不享有平等的就业、薪酬和晋升机会。就女性在款待业中的不公平处境而言，研究者有必要考察其中的性别差异。

先前的研究人员研究了性别差异及其对自我效能的影响，结果发现女性可能比男性更容易受到自我效能的影响。例如，班杜拉（1992）认为，如果女性对自己的能力缺乏信心，那么她们比男性更有可能限制自己的职业选择。此外，陈（Chen）等（1988）研究发现，与男性相比，如果女性怀疑自己的自我效能，则她们更有可能回避创业。关于性别差异，我们提出以下假设：

假设5（H5）：餐饮业女性员工的自我效能和组织支持对工作投入的交互作用比男性员工的更强。

假设6（H6）：餐饮业女性员工的自我效能和工作投入对离职意向的交互作用比男性员工的更强。

3.3 研究方法

3.3.1 研究样本和研究过程

共有 107 家位于美国中西部地区的餐馆受邀参与了这项研究。我们首先给这些餐馆寄了一封邀请函，通知他们被邀请参加这项研究，告知他们一名研究人员将拜访他们的机构并分发调查问卷。在一周内，研究人员拜访了所有 107 家餐馆，并将调查问卷提供给餐馆经理，以便经理分发给员工。结果有 105 家餐馆同意参加该项研究。发放的问卷共有 598 份，收回的问卷共有 149 份，回收率约为 24.9%。

3.3.2 测量量表

本研究使用 Utrecht 工作投入量表列出的 17 个问题来测量员工工作投入情况。使用艾森伯格（Eisenberger）等（1986）开发的 8 项全球组织支持量表评估组织支持。使用施瓦泽（Schwarzer）等（1997）开发的一般自我效能量表中的 10 个问题对自我效能进行测量。离职意向使用的是徐（Tsui）等（1997）提出的三个项目来测量。

3.3.3 数据分析

本研究采用的数据分析方法包括验证性因子分析（CFA）、描述性分析和多元回归分析。本研究通过对变量的项目的得分取平均值，获得工作投入、自我效能、组织支持和离职意向的综合得分。采用多元回归分析进行假设检验。为了减少与用于检验调节效应的交互项的多重共线性相关的问题，我们使用弗雷泽（Frazier）等（2004）推荐的方法对预测变量和调节变量、组织支持、自我效能和工作投入进行标准化，然后将这些标准化的变量用于进一步分析。为了检验假设是否成立，我们集中了所有的预测变量，计算了调节效应的交互项，并进行回归分析。结果，我们创建了一个可视化的图表来显示显著的交互效应。如韦斯特（West）等（1996）所建议的，我们研究了简单斜率的意义，以更好地理解交互作用的本质，并为性别和自我效能对工作投入的影响提供有意义的解释。

3.3.4 同源方差问题的处理

由于本研究中的数据来源于自我填写的问卷，因此实证结果可能会受到同源方差问题的影响。此外，组织支持、工作投入和自我效能都是积极导向的变量。因此，遵循泡德萨克沃夫（Podsakoff）等（2003）的方法，我们采取了一些预防措施，以尽量减少常见的同源方差问题。首先，为了确保受访者坦诚填写问卷，我们向他们提供了有关为保证问卷调查保密性和匿名性而采取的预防措施的详细信息。其次，为了减少受访者对被评估的顾虑，我们向他们说明，调查中没有"正确"或"错误"的答案。再次，我们将组织支持、工作投入和自我效能的测量问题分布在问卷的不同页面，以让被调查者产生心理分离效应。

3.4 结 果

3.4.1 描述性统计、相关性分析和测量属性

如表3-1所示，受访者大多是女性（59.1%），平均年龄为24.36岁。在教育程度方面，32.2%（$n=48$）的受访者拥有学士学位，22.1%（$n=33$）的受访者有一定的大学经历，26.2%的受访者（$n=39$）为高中毕业生。在149名受访者中，32人（21.5%）为管理人员，114名（76.5%）为非管理人员。

表3-1 受访者人口学信息（$N=149$）

变量		样本量（n）/人	均值/岁	占比/%
年龄		143	24.36	
性别	女	88		59.1
	男	55		36.9
岗位类型	管理岗	32		21.5
	非管理岗	114		76.5
教育程度	基础教育	3		2.0
	高中	39		26.2
	少量高等教育	33		22.1
	职业学校	6		4.0
	大专	17		11.4
	本科	48		32.2
	硕士	1		0.7

注：部分样本存在人口学信息缺失，但在主要研究变量上未缺失，故模型分析中包含所有样本，而此表中仅包含人口学信息完整的样本。

表3-2显示了研究变量描述性统计及它们之间的相关性分析结果。对组织支持、工作投入、自我效能和离职意向进行验证性因子分析（CFA），结果显示模型拟合良好：$\chi^2 = 539.80$，$DF = 269$，$\chi^2/DF = 2.01$，$GFI = 0.91$，$CFI = 0.94$，$NFI = 0.91$，$RMSEA = 0.05$，高于海尔（Hair）等（2006）提出的模型适应性标准（$\chi^2/DF < 3$，$GFI \geq 0.90$，$CFI \geq 0.90$，$NFI \geq 0.90$，$RMSEA \leq 0.05$），呈现量表的单维性。每个结构的平均提取方差（AVE）在0.52和0.57之间，均高于0.05（Bagozzi, Yi, 1988；Fornell, Larker, 1981）的标准，支持收敛效度。我们通过比较每个变量的AVE的平方根及其与其他变量的相关系数来测量判别效度。AVE的所有平方根都大于其他变量的相关系数，因此表明各变量的区分效度（Fornell, Larker, 1981）。综合信度在0.80~0.91之间，高于0.06的标准（Hair, Black, Babin, et al, 2006）。这些结果表明我们的量表是有效和可靠的。研究变量的平均值和标准差、可靠性系数和相关系数也显示在表3-2中。

第3章 自我效能和性别对服务业员工工作投入的调节作用

表3-2 描述性统计分析及相关分析

变量	女性 平均值	女性 标准差	男性 平均值	男性 标准差	CR	AVE	Sq-AVE	年龄	性别	组织支持	自我效能	工作投入
年龄	24.51	7.15	24.51	7.15								
性别	—	—	—	—				-0.02				
组织支持	3.53	0.83	3.53	0.83	0.91	0.57	0.76	-0.12	0.01			
自我效能	3.42	0.45	3.42	0.45	0.91	0.52	0.72	-0.03	0.06	0.33**		
工作投入	3.37	0.60	3.37	0.60	0.80	0.57	0.75	0.23**	0.14	0.38**	0.41**	
离职意向	3.38	1.16	3.38	1.16	0.84	0.56	0.75	-0.24**	-0.09	-0.23*	-0.32	-0.40**

注:① $^{*}p<0.1$,$^{**}p<0.05$。
② CR 为综合信度(Composite Reliability),AVE 为平均提取方差(Average Variance Extracted),Sq-AVE 为 AVE 的平方根(the Square Root of AVE)。

3.4.2 调节效应分析

一、自我效能在女性和男性的组织支持与工作投入关系中的调节作用

表3-3 显示了三种回归模型对女性工作投入的回归分析结果。模型1解释了27%（$p<0.01$）的方差；模型2涉及双项交互作用，没有显著解释额外的方差；然而，涉及三项交互作用的模型3贡献了额外2%（$p<0.05$）的方差。模型3中的三项交互作用的影响是显著的，因此模型3是科恩（Cohen）等（2003）提出的检验个体系数的合适范例。当第三个变量（性别）等于0时，模型3中双项交互作用（组织支持×自我效能）的系数显著，证明了条件交互作用效应（Aiken，West，1991）。因此，组织支持和自我效能的双项交互作用表明，对于自我效能感较弱的女性，组织支持对工作投入的影响更大（$B=-0.15$，$t=-2.36$）。显著系数表明，自我效能调节了组织支持与女性员工工作投入之间的关系。为了测试组织支持和自我效能对男性工作投入的调节作用，我们颠倒了性别编码（West，Aiken，Krull，1996；Frazier，Tix，Barron，2004）。

表3-3　女性员工工作投入的回归分析

变量	模型1		模型2		模型3	
	B	t值	B	t值	B	t值
常数	2.71**	15.31	2.73**	15.19	2.77**	15.49
年龄	0.03**	3.94	0.03**	3.88	0.03**	3.79
性别	0.19*	2.01	0.19*	2.03	0.13	1.32
组织支持	0.21**	4.46	0.19**	3.12	0.22**	3.51
自我效能	0.10*	2.14	0.09	1.55	0.08	1.39
性别×组织支持			0.11	1.15	0.04	0.39
组织支持×自我效能			-0.07	-1.39	-0.15*	-2.36
性别×自我效能			-0.01	-0.09	0.03	0.30
性别×组织支持×自我效能					0.20*	2.00

续表

	模型 1	模型 2	模型 3
R^2	0.27**	0.29**	0.31**
R^2 改变量		0.02	0.02*
F 值	12.20	7.47	7.19

注：*$p<0.1$，**$p<0.05$。

如表 3-4 所示，双项交互作用对男性并不显著。因此，男性的自我效能不影响组织支持与工作投入之间的关系（$B=0.05$，$t=0.64$）。

表 3-4　男性员工工作投入的回归分析

变量	模型 1		模型 2		模型 3	
	B	t 值	B	t 值	B	t 值
年龄	0.03**	3.94	0.03**	3.88	0.03**	3.79
性别	-0.19*	-2.01	-0.19*	-2.03	-0.13	-1.32
组织支持	0.21**	4.46	0.31**	3.78	0.26**	3.11
自我效能	0.10*	2.14	0.08	1.01	0.11	1.33
性别×组织支持			-0.11	-1.15	-0.04	-0.39
组织支持×自我效能			-0.07	-1.39	0.05	0.64
性别×自我效能			0.01	0.06	-0.03	-0.30
性别×组织支持×自我效能					-0.20*	-2.00
R^2	0.52**		0.54**		0.56**	
R^2 改变量			0.02		0.02*	
F 值	12.20		7.47		7.19	

注：*$p<0.1$，**$p<0.05$。

上述分析的结果支持假设 1、假设 3 和假设 5。

显著的三项交互效应可以用两个图来描述，而每个图都包含显著的双项交互效应。我们的调查结果显示，自我效能仅显著调节了女性的组织支持和工作投入之间的关系（图 3-1）。图上的"低"和"高"分别表示比组织支持的平均值低于和高于一个标准差。

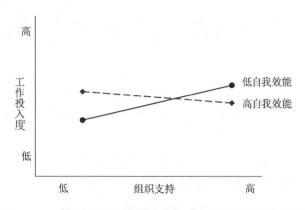

图 3-1　组织支持与自我效能对女性员工工作投入的交互影响

调节效应分析的最后一步是检查交互关系的斜率是否不同于 0（West，Aiken，Krull，1996）。显著交互项说明斜率彼此不同，但未显示每个斜率是否显著不同于 0。根据弗雷泽等（2004）的建议，我们需要测试斜率的显著性。为了检验斜率的显著性，我们按照韦斯特等（1996）建议的方法进行了一系列回归分析。简单斜率检验结果（表 3-5）表明，只有自我效能水平低的女性的斜率是显著的（$B = 0.36$，$p < 0.01$）。自我效能水平高的女性的斜率不显著（$B = 0.07$，$p = 0.32$）。这些结果表明，自我效能感只能调节自我效能感弱的女性的工作投入。

表 3-5　简单斜率检验结果

指标	低自我效能水平	高自我效能水平
系数	0.36	0.07
t 值	3.55	0.10
p 值	0.001	0.32

二、自我效能在工作投入与离职意向关系中的调节作用

表 3-6 反映了对离职意向进行回归分析的结果。模型 1 解释了 21%（$p < 0.05$）的方差。具有双项交互作用的模型 2 和具有三项交互作用的模型 3 不能显著解释额外的方差。因此，模型 1 是对离职意向进行回归分析的合适模型。结果显示，工作投入对离职意向有显著的负向影响（$B = -0.37$，$p < 0.05$）。自我效能与离职意向的关系不显著，交互作用与离职

意向的关系也不显著。因此，H2 得到支持，但 H4 和 H6 被拒绝。

表 3-6 离职意向的回归分析

变量	离职意向					
	模型 1		模型 2		模型 3	
	B	t 值	B	t 值	B	t 值
年龄	-0.03	-1.93	-0.03	-1.82	-0.03	-1.82
性别	-0.08	-0.44	-0.07	-0.41	-0.04	-0.22
工作投入	-0.37**	-4.62	-0.42**	-3.39	-0.41**	-3.33
自我效能	0.01	0.11	0.04	0.34	0.04	0.35
性别×工作投入			-0.04	-0.21	-0.05	-0.22
工作投入×自我效能			0.03	0.35	0.07	0.67
性别×自我效能			-0.14	-0.71	-0.19	-0.59
性别×工作投入×自我效能					-0.12	-0.66
R^2	0.21**		0.21**		0.18**	
R^2 改变量			0.02		0.01	
F 值	8.70		4.99		4.40	

注：** $p < 0.05$。

总之，数据分析结果表明：员工感知到的组织支持越多，他们在工作中的投入程度就越高；员工对工作越投入，就越不想离开组织。增强自我效能感可能会增加组织支持对工作投入的影响，但自我效能的这种调节作用只对自我效能水平低的女性员工有效。自我效能感的增强并不能改变工作投入对离职意向的影响。我们还测试了员工角色和自我效能之间的关系，发现管理者和非管理者之间的自我效能没有显著差异（$p = 0.42$）。

3.5 讨论和结论

本研究旨在拓宽人们对餐饮业员工工作投入的理解面。研究结果具有一定的理论意义和实践意义。

3.5.1 理论意义

本研究的成果具有以下几个方面的理论意义：

第一，研究结果表明，自我效能调节了组织支持对工作投入的影响，但这仅适用于自我效能水平较低的女性员工。这一发现强调了自我效能对女性的重要性。由于家庭和工作中的双重角色及传统观念，妇女通常承受更大的心理压力和精神痛苦（Cinamon，2006），她们需要比男性更坚定地相信自己有能力履行所有职责。在款待业中，员工面临更大的心理压力和大量的情绪劳动。对于自我效能水平低的员工来说，来自家庭、工作冲突和刻板印象的压力可能会被放大。

第二，行为可塑性理论支持自我效能的调节作用，但我们的研究结果表明，自我效能对组织支持与工作投入之间关系的调节作用仅在女性员工中显著。这一发现意味着行为可塑性理论并不具有普适性。因此，对行为可塑性理论在不同行业和具有不同特征的个体员工中的应用有待深入研究。

第三，本研究结果中显示的组织支持对工作投入的积极影响不仅证实了社会交换理论和先前的实证研究结论（Saks，2006），而且扩展了我们对于组织支持及其对工作投入的性别影响的理解。结果表明，当忽略自我效能的调节作用时，组织支持对男性员工工作投入的影响（$B = 0.26$）大于女性员工（$B = 0.22$）。因此，通过增加组织支持来提升员工工作投入水平的策略对男性员工来说比对女性员工更有效。

第四，工作投入对离职意向的显著负向影响表明，工作投入减少了员工的离职意向。虽然工作投入是员工对工作的投入，而不是对组织的投入，但工作投入仍然可以减少员工离开组织的意愿。

第五，虽然自我效能对工作投入的主效应不是本研究的重点，但本研究揭示了一个有趣的发现。如表3-3、表3-4和表3-6中的模型1所示，我们发现自我效能对工作投入（$p>0.1$）和离职意向（$p>0.1$）的影响不显著，这与之前的研究（Moore，2001；Xanthopoulou，Bakker，Heuven，et al，2008；Chaudhary，Rangnekar，Barua，2012）不一致。这些研究报告了自我效能对企业高管（Chaudhary，Rangnekar，Barua，2012）、空乘人员（Xanthopoulou，Bakker，Heuven，et al，2008）和护士（Moore，2001）工作投入的重大影响。值得一提的是，餐厅员工并不需要企业高管、空乘人员或一般护士的高技能水平。这也许可以解释这种矛盾的结果。根据上述分析，对于低技能水平的餐饮业员工来说，这种素质可能并不重要。因此，高自我效能水平可能不是有效执行低技能工作所必需的。然而，这一论点有待在未来的实证研究中得到检验。

3.5.2 实践意义

本研究的成果具有以下几个方面的实践意义：

第一，研究结果表明，餐饮业管理者应考虑女性的自我效能，尤其是那些自我效能水平较低的女性，并为她们提供支持。有学者（Schunk，Pintrich，Meece，2008）已经证明，替代经验（树立榜样）和口头说服是人们获得效能信息的两个来源。为了提高自我效能水平低的女性员工的自我效能水平，餐饮业管理者可以口头鼓励员工或树立榜样，帮助员工增强工作信心。由于女性比男性更重视情感支持，为了在工作场所更有效地鼓励女性，餐饮业管理者可以为女性员工提供更多的情感支持，例如倾听她们想说的话，对她们有耐心，以及在她们生病时发送爱心礼包以获得她们的信任。为了树立榜样，餐饮业管理者需要为她们提供平等的晋升机会，避免性别歧视。通过这些方式，自我效能水平低的女性员工即使没有从管理者那里得到足够的物质支持，也可以变得更加自信，从而更加投入工作。

第二，本研究发现的性别差异表明，餐饮业管理者如果想要更有效地提高员工的工作投入水平，可以对男性和女性采用不同的策略。对于男性和自我效能水平高的女性，可以给予他们更多的组织支持；对于自我效能水平低的女性，可以提高她们的自我效能水平并维持相同的组织支持水平。

第三，餐饮业管理者可以通过让员工更多地参与工作来减少员工的离职意向。以往关于餐饮业员工工作投入的研究表明，程序公正（Karatepe，2011）、角色利益、工作自主性（Slåtten, Mehmetoglu，2011）、培训评估、授权、奖励（Karatepe，2013）和工作责任是款待业员工工作投入的前因。为了提高员工的工作投入水平，餐饮业管理者需要保证工作场所的程序公正，为员工工作提供合理的报酬、福利、自主权，并通过赋予员工更多责任来增强他们的能力。

3.5.3 局限性和未来展望

本研究有三个主要的局限性。第一，本研究采用横断面和相关设计，缺乏因果关系推断。在未来的研究中，我们需要采用纵向设计或实验设计来验证研究变量之间的因果关系。第二，本次调查仅以餐饮业员工为研究样本。这样的样本范围不够广泛，不足以验证"自我效能对工作投入的主要影响不显著"这一结论。未来的研究需要选择包括从事高技能和低技能水平工作的员工，以验证这一结论。第三，研究的样本量较小（$N=149$）。未来的研究需要更大的样本量。

基于研究结果，我们鼓励未来的研究者在工作投入与其前因/结果的关系中探索更多的个体差异，包括性别差异和其他心理特征差异；在不同行业和不同特征的个体中检验行为可塑性理论；探索更多提升服务业员工工作投入水平的方法；验证不同行业中自我效能对工作投入的直接影响。

3.5.4 结论

由于工作投入对组织的积极影响，工作投入成为管理研究中的一个重要概念。我们通过调查自我效能与某些研究变量之间关系的调节作用和自我效能交互效应的性别差异,扩大了该领域的研究范围。我们的研究结果是值得关注的,因为它们表明自我效能对组织支持在工作投入中的影响有显著的调节作用,还证明了自我效能和自我效能对工作投入的交互作用的性别差异。本研究提出了在不同行业和不同特征的个体中检验行为可塑性理论的必要性。本研究还发现,自我效能对餐饮业员工工作投入的主效应不显著,而这与其他行业的研究结果不一致。这项研究的结果最终表明,未来的研究者应该将注意力转向可能影响工作投入与其预测因素和最终结果之间关系的个人心理和人口统计学因素。

本章主要参考文献

[1] AIKEN L S, WEST S G. Multiple regression: testing and interpreting interactions[M]. Newbury Park, CA: Sage, 1991.

[2] AKHTAR R, BOUSTANI L, TSIVRIKOS D, et al. The engageable personality: personality and trait EI as predictors of work engagement[J]. Personality and Individual Differences, 2015, 73: 44-49.

[3] ASELAGE J, EISENBERGER R. Perceived organizational support and psychological contracts: a theoretical integration [J]. Journal of Organizational Behavior, 2003, 24(5): 491-509.

[4] ARTAZCOZ L, BENACH J, BORRELL C, et al. Unemployment and mental health: understanding the interactions among gender, family roles, and social class[J]. American Journal of public health, 2004, 94(1): 82-88.

[5] AVERY D R, MCKAY P F, WILSON D C. Engaging the aging workforce: the relationship between perceived age similarity, satisfaction with coworkers, and employee engagement[J]. Journal of Applied Psychology, 2007, 92(6): 1542-1556.

[6] BAKKER A B, DEMEROUTI E, SCHAUFELI W B. The crossover of burnout and work engagement among working couples [J]. Human Relations, 2005, 58(5): 661-689.

[7] BAKKER A B, DEMEROUTI E. The job demands-resources

model: state of the art[J]. Journal of Managerial Psychology,2007,22(3):309-328.

[8] BAKKER A B, DEMEROUTI E. Towards a model of work engagement[J]. Career Development International, 2008, 13(3):209-223.

[9] BALLOUT H I. Career commitment and career success: moderating role of self-efficacy[J]. Career Development International, 2009, 14(7):655-670.

[10] BANDURA A. Social foundations of thought and action: a social cognitive theory [M]. Englewood Cliffs,NJ: Prentice Hall,1986.

[11] BANDURA A, BARBARANELLI C, CAPRARA G, et al. Self-efficacy beliefs as shapers of children's aspirations and career trajectories[J]. Child Development,2001,72(1):187-206.

[12] BETZ N E, Hackett G. Applications of self-efficacy theory to understanding career choice behavior[J]. Journal of Social and Clinical Psychology,1986,4(3):279-289.

[13] BAGOZZI R P, YI Y. On the evaluation of structural equation models[J]. Journal of the Academy of Marketing Science,1988,16(1):74-94.

[14] CHAUDHARY R,RANGNEKAR S,BARUA M K. HRD climate, occupational self-efficacy and work engagement: a study from India[J]. The Psychologist-Manager Journal,2012,15(2):86-105.

[15] CHEN C C, GREENE P G, CRICK A. Does entrepreneurial self-efficacy distinguish entrepreneurs from managers? [J]. Journal of Business Venturing,1988,13:295-316.

[16] CHO S,JOHANSON M,GUCHAIT P. Employees intent to leave: a comparison of determinants of intent to leave versus intent to stay[J]. International Journal of Hospitality Management,2009,28(3):374-381.

[17] CINAMON R G. Anticipated work-family conflict: effects of gender,self-efficacy, and family background[J]. The Career Development

Quarterly,2006,54(3):202-215.

[18] COHEN J, COHEN P, WEST, S G, et al. Applied multiple regression/correlation analysis for the behavioral science [M]. 3rd ed. Mahwah,NJ: L. Erlbaum Associates,2003.

[19] COYLE-SHAPIRO J A-M,CONWAY N. Exchange relationships: examining psychological contracts and perceived organizational support[J]. Journal of Applied Psychology,2005,90(4):774-781.

[20] CROPANZANO R, MITCHELL M S. Social exchange theory: an interdisciplinary review [J]. Journal of Management, 2005, 31(6): 874-900.

[21] DEMBE A E. Ethical issues relating to the health effects of long working hours[J]. Journal of Business Ethics,2009,84:195-208.

[22] EDEN D,KINNAR J. Modelling galatea: boosting self-efficacy to increase volunteering[J]. Journal of Applied Psychology,1991,76(6):770-780.

[23] EISENBERGER R, HUNTINGTON R, HUTCHISON S, et al. Perceived organizational support[J]. Journal of Applied Psychology,1986,71(3):500-507.

[24] EISENBERGER R,STINGLHAMBER F,VANDENBERGHE C,et al. Perceived supervisor support: contributions to perceived organizational support and employee retention[J]. Journal of Applied Psychology,2002,87(3):565-573.

[25] FORNELL C, LARCKER D F. Evaluating structural equation models with unobservable variables and measurement error[J]. Journal of Marketing Research,1981,24(4):337-346.

[26] FRAZIER P A,TIX A P,BARRON K E. Testing moderator and mediator effects in counseling psychology research[J]. Journal of counseling psychology,2004,51(1):115-134.

[27] GAYDOS M,BHATIA R,MORALES A,et al. Promoting health and safety in San Francisco's Chinatown restaurants: findings and lessons

learned from a pilot observational checklist[J]. Public Health Reports,2011, 126(3):62-69.

[28] GEORGE J M, BRIEF A P. Feeling good-doing good: a conceptual analysis of the mood at work-organizational spontaneity relationship [J]. Psychological Bulletin,1992,112(2):310-329.

[29] GHISELLI R F, LA LOPA J M, BAI B. Job satisfaction, life satisfaction, and turnover intent among food-service managers[J]. The Cornell Hotel and Restaurant Administration Quarterly,2001,42(2): 28-37.

[30] GIST M E, MITCHELL T. Self-efficacy: a theoretical analysis of its determinants and malleability[J]. The Academy of Management Review, 1992,17(2): 183-211.

[31] GOULDNER A W. The norm of reciprocity: a preliminary statement[J]. American Sociological Review,1960,25(2): 161-178.

[32] HAIR J F, BLACK W C, BABIN B J, et al. Multivariate data analysis [M].6th ed. Upper Saddle River,NJ: Pearson Prentice Hall,2006.

[33] HAMMER L B, NEAL M B, NEWSOM J T, et al. A longitudinal study of the effects of dual-earner couples' utilization of family-friendly workplace supports on work and family outcomes [J]. Journal of Applied Psychology,2005,90(4): 799-810.

[34] HOCHSCHILD A. The managed heart: commercialization of human feeling[M]. Berkeley,CA: University of California Press,1983.

[35] IQBAL T, KHAN K, IQBAL N. Job stress & employee engagement [J]. European Journal of Social Sciences,2012,28(1): 109-118.

[36] JIMMIESON N L. Employee reactions to behavioral control under conditions of stress: the moderating role of self-efficacy[J]. Work & Stress, 2000,14(3): 262-280.

[37] KIM H J, SHIN K H, SWANGER N. Burnout and engagement: a comparative analysis using the big five personality dimensions [J]. International Journal of Hospitality Management,2009,28(1): 96-104.

[38] KARA D, UYSAL M, MAGNINI V P. Gender differences on job

satisfaction of the five-star hotel employees: the case of the Turkish hotel industry[J]. International Journal of Contemporary Hospitality Management, 2012,24(7): 1047 - 1065.

[39] KARATEPE O M, ARASLI H, KHAN A. The impact of self-efficacy on job outcomes of hotel employees: evidence from Northern Cyprus [J]. International Journal of Hospitality & Tourism Administration,2007,8 (4):23 - 46.

[40] KARATEPE O M. Procedural justice, work engagement, and job outcomes: evidence from Nigeria[J]. Journal of Hospitality Marketing & Management,2011,20(8): 855 - 878.

[41] KARATEPE O M. High-performance work practices and hotel employee performance: the mediation of work engagement[J]. International Journal of Hospitality Management,2013,32:132 - 140.

[42] KARATEPE O M, BEIRAMI E, BOUZARI M. Does work engagement mediate the effects of challenge stressors on job outcomes? Evidence from the hotel industry[J]. International Journal of Hospitality Management,2014,36:14 - 22.

[43] KUSLUVAN S, KUSLUVAN Z, ILHAN I, et al. The human dimension: a review of human resources management issues in the tourism and hospitality industry[J]. Cornell Hospitality Quarterly,2010,51(2):171 - 214.

[44] LATHAM G P, FRAYNE C A. Self-management training for increasing job attendance: a follow-up and a replication[J]. Journal of Applied Psychology,1989,74(3): 411 - 416.

[45] LENT R W, HACKETT G. Career self-efficacy: empirical status and future directions[J]. Journal of Vocational Behavior,1987,30(3):347 - 382.

[46] LU L, LU A C C, GURSOY D, et al. Work engagement, job satisfaction, and turnover intentions: a comparison between supervisors and line-level employees[J]. International Journal of Contemporary Hospitality

Management,2016,28(4):737-761.

[47] LUSZCZYNSKA A, SCHWARZER R, LIPPKE S, et al. Self-efficacy as a moderator of the planning-behavior relationship in interventions designed to promote physical activity[J]. Psychology & Health,2011,26(2):151-166.

[48] MATUD M P. Gender differences in stress and coping styles[J]. Personality and Individual Differences,2004,37(7):1401-1415.

[49] MAY D R, GILSON R L, HARTER L M. The psychological conditions of meaningfulness,safety and availability and the engagement of the human spirit at work [J]. Journal of Occupational and Organizational Psychology,2004,77(1):11-37.

[50] MAUNO S,KINNUNEN U,RUOKOLAINEN M. Job demands and resources as antecedents of work engagement: a longitudinal study [J]. Journal of Vocational Behavior,2007,70(1):149-171.

[51] MAUNO S,RUOKOLAINEN M,KINNUNEN U,et al. Emotional labour and work engagement among nurses: examining perceived compassion, leadership and work ethic as stress buffers[J]. Journal of Advanced Nursing, 2016,72(5):1169-1181.

[52] MERLUZZI T V,SANCHEZ M. Assessment of self-efficacy and coping with cancer: development and validation of the cancer behavior inventory[J]. Health Psychology,1997,16(2):163-170.

[53] MILLS M,TAHT K. Nonstandard work schedules and partnership quality: quantitative and qualitative findings[J]. Journal of Marriage and Family,2010,72(4):860-875.

[54] MOORE K A. Hospital restructuring: impact on nurses mediated by social support and a perception of challenge[J]. Journal of Health and Human Services Administration,2001,23(4):490-517.

[55] ONG C-S, LAI J-Y. Gender differences in perceptions and relationships among dominants of e-learning acceptance[J]. Computer in Human Behavior,2006,22(5):816-829.

[56] PIZAM A. Are hospitality employees equipped to hide their feelings? [J]. International Journal of Hospitality Management, 2004, 23(4): 315-316.

[57] PODSAKOFF P M, MACKENZIE S B, LEE J-Y, et al. Common method biases in behavioral research: a critical review of the literature and recommended remedies [J]. Journal of Applied Psychology, 2003, 88(5): 879-903.

[58] RHOADES L, EISENBERGER R. Perceived organizational support: a review of the literature [J]. Journal of Applied Psychology, 2002, 87(4): 698-714.

[59] ROBINSON G E. Career satisfaction in female physicians [J]. Journal of the American Medical Association, 2004, 291(5): 635.

[60] ROUSSEAU D M. Psychological and implied contracts in organizations [J]. Employee Responsibilities and Rights Journal, 1989, 2(2): 121-139.

[61] SAKS A M. Longitudinal field investigation of the moderating and mediating effects of self-efficacy on the relationship between training and newcomer adjustment [J]. Journal of Applied Psychology, 1995, 80(2): 211-225.

[62] SAKS A M. Antecedents and consequences of employee engagement [J]. Journal of Managerial Psychology, 2006, 21(7): 600-619.

[63] SALANOVA M, AGUT S, PEIRÓ J M. Linking organizational resources and work engagement to employee performance and customer loyalty: the mediation of service climate [J]. Journal of Applied Psychology, 2005, 90(6): 1217-1227.

[64] SCHUNK D H, PINTRICH P R, MEECE J L. Motivation in education: theory, research, and applications [M]. 3rd ed. Upper Saddle River, NJ: Pearson/Merrill Prentice Hall, 2008.

[65] SCHWARZER R, HALLUM S. Perceived teacher self-efficacy as a predictor of job stress and burnout: mediation analyses [J]. Applied

Psychology,2008,57(s1):152 – 171.

[66] SCHWARZER R,BÄßLER J,KWIATEK P,et al. The assessment of optimistic self-beliefs: comparison of the German, Spanish, and Chinese versions of the general self-efficacy scale[J]. Applied Psychology,1997,46(1):69 – 88.

[67] SLÅTTEN T, MEHMETOGLU M. Antecedents and effects of engaged frontline employees: a study from the hospitality industry [J]. Managing Service Quality: An International Journal, 2011, 21 (1): 88 – 107.

[68] SONG Z, CHON K, DING G, et al. Impact of organizational socialization tactics on newcomer job satisfaction and engagement: core self-evaluations as moderators [J]. International Journal of Hospitality Management,2015,46: 180 – 189.

[69] SPEIER C,FRESE M. Generalized self-efficacy as a mediator and moderator between control and complexity at work and personal initiative: a longitudinal field study in East Germany[J]. Human Performance,1997,10(2):171 – 192.

[70] STAJKOVIC A D, LUTHANS F. Social cognitive theory and self-efficacy: going beyond traditional motivational and behavioral approaches[J]. Organizational Dynamics,Spring,1998,26(4): 62 – 74.

[71] STUCLIFFE K M,VOGUS T J. Organizing for resilience. Positive organizational scholarship: foundations of a new discipline [M]. San Francisco,CA: Berrett-Koehler Publishers,2003.

[72] TIERNEY P, FARMER S M. Creative self-efficacy development and creative performance over time[J]. Journal of Applied Psychology,2011, 96(2):277 –293.

[73] TRACEY J B, HINKIN T R. Contextual factors and cost profiles associated with employee turnover[J]. Cornell Hospitality Quarterly,2008,49(1):12 – 27.

[74] TSUI A S, PEARCE J L, PORTER L W, et al. Alternative

approaches to the employee-organization relationship: does investment in employees pay off? [J]. Academy of Management Journal, 1997, 40 (5): 1089 – 1121.

[75] TYLER M, TAYLOR S. Juggling justice and care: gendered customer service in the contemporary airline industry [M]. Basingstoke, UK: Palgrave Macmillan, 2001.

[76] WAYNE S J, SHORE L M, LIDEN R C. Perceived organizational support and leader-member exchange: a social exchange perspective [J]. Academy of Management Journal, 1997, 40 (1): 82 – 111.

[77] WEST S G, AIKEN L S, KRULL J L. Experimental personality designs: analyzing categorical by continuous variable interactions [J]. Journal of Personality, 1996, 64 (1): 1 – 48.

[78] XANTHOPOULOU D, BAKKER A B, DEMEROUTI E, et al. The role of personal resources in the job demands-resources model [J]. International Journal of Stress Management, 2007, 14 (2): 121 – 141.

[79] XANTHOPOULOU D, BAKKER A B, HEUVEN E, et al. Working in the sky: a diary study on work engagement among flight attendants [J]. Journal of Occupational Health Psychology, 2008, 13 (4): 345 – 356.

[80] ZHONG L, WAYNE S J, LIDEN R C. Job engagement, perceived organizational support, high-performance human resource practices, and cultural value orientations: a cross-level investigation [J]. Journal of Organizational Behavior, 2016, 37 (6): 823 – 844.

[81] ZIMMERMAN B J, BANDURA A, MARTINEZ-PONS M. Self-motivation for academic attainment: the role of self-efficacy beliefs and personal goal setting [J]. American Educational Research Journal, 1992, 29 (3): 663 – 676.

第 4 章

情绪表达规则与情商对服务业管理者与非管理者工作投入的交互影响

本研究旨在调查工作要求（如情绪表达规则）和个人资源（如情商）对工作投入的交互效应，以及这种交互效应是否在管理者和非管理者之间存在差异。本研究以 572 名酒店员工为研究对象，采用多元线性回归分析方法对数据进行分析。研究结果表明，酒店管理人员和非管理人员的情绪表达规则对工作投入的直接影响都是显著正向的；情绪表达规则促进了情商对工作投入的积极影响，但这种促进作用仅限于管理者。情商提高了情绪表达规则对工作投入的积极影响水平，但这种提高作用仅限于高情商的管理者。以往的研究主要关注工作投入的前因和结果，而很少涉及工作要求对工作投入的直接影响以及工作要求和个人资源对工作投入的交互作用。本研究探讨了酒店管理人员和非管理人员的情绪表达规则及其与情商对工作投入的交互作用。研究结果具有理论意义和实践意义。

4.1 引 言

大量研究发现，工作投入可以促进多种组织绩效指标（Karatepe, Olugbade, 2016）。工作投入的员工对自己的工作感到更满意，工作效率更高，对组织更加投入（Karatepe, 2011），工作表现更好。近年来，企业和学术界等都非常关注员工的工作投入这一心理状态。然而，有证据表明，全球仅有 40% 的员工高度投入工作。因此，工作投入问题仍然被认为是商业中最大的挑战之一（Iqbal, Khan, Iqbal, 2012）。

关于工作投入的现有文献主要侧重确定其预测因素和结果。例如，组织支持、社会支持和团队氛围等工作资源已被广泛研究，并被发现对工作投入有积极影响；个人资源，如个性、自尊、情商和自我效能也被加以研究。现有工作投入问题研究的另一个焦点是工作要求对工作投入的影响。这些研究发现，工作要求加强了工作资源对工作投入的影响，但关于工作要求对工作投入的直接影响的研究结果未达到一致（Mauno, Kinnunen, Ruokolainen, et al, 2007）。上述这些研究结果从不同角度为理解工作投入做出了重要贡献，因此它们在企业管理领域和学术界都是非常宝贵的研究资料。

然而，在工作投入领域仍有较大空间有待探索。第一，工作要求对工作投入的直接影响在以往的研究中结论不一致，因此，研究者需要对不同行业或不同个体的不同特征或文化进行调查。第二，工作要求和个人资源对工作投入的交互作用没有被验证。具体而言，文献中很少有人致力解释个人资源是否影响工作要求与工作投入的关系，以及实证检验工作要求对工作投入和个人资源之间关系的影响。第三，除了很少有人知道工作要求和个人资源对工作投入的交互作用外，这种交互作用在管理人员和非管理人员之间是否存在差异也属未知。第四，很少有关于中国酒店员工工作投入的研究。然而，中国旅游市场的发展潜力亟需学者对中国酒店员工进行更多、更深入的考察。（Heung, Zhang, Jiang, 2008; Pine, Phillips, 2005）

在本研究中，笔者研究了情绪表达规则和情商对酒店员工工作投入的直接影响和交互影响，并比较了这些影响在中国酒店管理者和非管理者之间的差异。本研究回答了以下研究问题：① 情绪表达规则如何影响酒店员工的工作投入？② 情绪表达规则是否与酒店员工的情商相互作用，从而影响工作投入？③ 情绪表达规则对工作投入的直接影响和交互影响在酒店管理者和非管理者之间是否存在差异？

4.2 文献综述

4.2.1 工作投入

工作投入是指一种积极的情感动机状态，以活力、奉献和专注为特征。根据肖菲利等的研究，活力是指一个人在工作时身体或精神上的体力，以及为工作付出的更多的努力；奉献是指员工的情感状态，即工作充满热情，对工作充满重视感；专注是一种个体全神贯注于工作的认知状态。

对工作投入的员工对他们的工作有高度的精力和热情（May, Gilson, Harter, 2004）。莱特（Leiter）和巴克（Bakker）（2010）指出，工作投入会带来多种积极的绩效结果，如较高的工作满意度、较少的离职意向和较高水平的组织承诺。因此，这些员工的工作效率更高。以往的研究主要探讨了工作投入的前因和结果。例如，工作资源（组织前因）和个人资源（个体前因）是工作投入的两个主要预测因素。促进工作投入的工作资源（组织前提）包括工作的自主性（Bakker, Bal, 2010）、绩效反馈、主管的支持（Karatepe, Olugbade, 2009）等。同时，提升工作投入水平的个人资源（个体前因）包括乐观、自我效能（Xanthopoulou, Bakker, Demerouti, et al, 2009）、自尊（Mauno, Kinnunen, Ruokolainen, 2007）等。

关于工作要求对工作投入的影响，大多数工作投入研究将工作要求作为工作资源与工作投入之间关系的调节变量，说明工作要求能够促进工作资源对工作投入的影响。一些研究也将工作要求作为工作投入的直接预测指标。然而，关于工作要求和工作投入之间的直接关系，研究结果并不一致。例如，哈卡宁（Hakanen）等（2006）证明了工作要求和工作投入之间的负相关关系，但洛伦（Llorens）等（2007）与肖菲利和巴克（2004）没有发现显著的关系，而毛诺（Mauno）等（2007）报告了工作时间要求与工作投入之间的正相关关系。因此，工作要求对工作投入的直接影响需要在特定环境中进一步研究（例如，具有不同特点的特定行业和个人）。此外，在当前的工作投入研究文献中，很少有研究关注工作投入与其前因之间关系的影响因素。因此，笔者认为，有必要研究前因变量对工作投入的交互影响。

4.2.2 情绪表达规则和工作投入

情绪表达规则是服务业最常见的要求之一，是指组织要求员工在提供服务时恰当地表达情感和态度的标准（Ashforth, Humphrey, 1993; Hochschild, 1983）。从服务企业的本质来看，服务企业要求员工展现积极的情绪，抑制消极情绪（Lee, OK, 2014）。例如，服务业员工必须以微笑和友好的语气为顾客服务,即使在个人心情不好的情况下也要保持礼貌和友好(Pizam,2004)。

员工为遵循情绪表达规则所做的努力,如控制自己的情绪和表达组织预期的情绪,构成了情绪劳动(Ashforth,Humphrey,1993)。因此,情绪劳动在服务业研究中得到了广泛的关注。尽管在服务业领域研究者对情绪劳动进行了广泛的研究,但情绪表达规则对工作投入的影响仍然存在疑问。在文献中,关于情绪表达规则的作用有两个相互矛盾的理论假设:资源耗竭理论(Baumeister,Bratslavsky,Muraven,et al,1998)和控制理论(Diefendorff,Gosserand,2003)。根据资源耗竭理论,情绪表达规则需要服务人员投入精力和努力,而符合情绪表达规则的努力消耗了个人资源,从而导致情绪耗竭(Goldberg,Grandey,2007)。相反,控制理论认为,情绪表达规则是服务人员应努力达到的标准或目标,实际上会激励服务人员提高服务绩效,增加工作满意度,因此,情绪表达规则与工作绩效呈正相关(Diefendorff,Richard,Croyle,2010)。

实证研究的结论也不尽一致。例如,一些研究人员报告称,情绪劳动会导致员工疲劳或倦怠(Diefendorff,Erickson,Grandey,et al,2011)。然而,利特尔(Little)等(2011)观察到,情绪表达规则减少了印度呼叫中心员工的情绪衰竭。他们进一步认为,这是由其研究样本的集体主义和高权力距离文化促成的。他们解释说,在集体主义和高权力距离文化背景中,员工倾向于将情绪表达规则视为组织的目标和主管提供的工作信息,因此,情绪表达规则对他们来说是一种能量资源,并最终减少情绪衰竭。中国与印度有着一定的文化相似性。研究中国服务业员工的情绪表达规则与工作投入之间的关系将是有意义和值得的。控制理论将更适合本研究情境,因此,笔者依据控制理论提出以下假设:

假设1(H1):情绪表达规则能提高中国服务业员工的工作投入度。

4.2.3 情绪表达规则与情商对工作投入的交互作用

情商是指识别和调整自己及他人情绪的能力（Wong, Law, 2002）。与低情商的个体相比，高情商的个体更了解自己的情绪，往往对他人的情绪和感受更敏感，控制自己情绪的能力更强，能够将自己的情绪导向积极的方向（Davies, Stankov, Roberts, 1998; Giardini, Frese, 2006）。情商被认为是情绪劳动的基础能力。例如，有学者（Lee, OK, 2014）对酒店员工进行了一项实证研究，发现情商通过倦怠缓解了情绪失调对服务的破坏性影响。

特质激活理论可以为研究情商和情绪表达规则对工作投入的交互作用提供理论依据。特质激活理论（Tett, Guterman, 2000）通过使用人-情境互动，基于对情境中特质相关线索的反应来解释行为。该理论认为，当一个人的特质与情境中的线索相匹配时，即当特质与情境相关时，好的行为结果就会显现出来，包括对情境的积极反应和更好的工作表现。当个体的特质与组织情境相匹配时，他们会对组织情境做出更积极的反应，并表现出更好的绩效。我们可以认为，情商是一种与组织中的情绪表达规则（情境）相匹配的特质，并可能与情绪表达规则相互作用而影响工作投入。

因此，笔者提出以下假设：

假设2（H2）：情商与情绪表达规则交互作用能提升服务业员工的工作投入度。

4.2.4 服务业管理者与非管理者在研究变量上的差异

职业适应性理论（Savickas, 1997）支持了服务业管理者与非管理者在工作投入中情绪表达规则与情商交互效应的差异。职业适应性是指随时准备承接工作角色的可预测任务，以及应对职责和工作条件变化引起的不可预测的变化（Savickas, 1997）。正如职业适应性理论所指出的，工作场所中的个人通过将身份、目标和态度与他们所处的工作环境融合,努力保持"个人-职位"匹配(Klehe, Zikic, Van Vianen, et al, 2011)。与非管理者相比,管理者有更高的要求和更大的职责(Lu, Lu, Gursoy, et al, 2016),有更多的非物质认可需求(Dipietro, Milman, 2004),有更大的热情和更强的坚韧性,更有动力(Mcbain, 2006)。与非管理者相比,管理者是更有经验的员工,通常更善于理解情绪表达规则(Dahling, Perez, 2010)。因此,情绪表达规则对酒店管理者的积极作用可能比对非管理者的积极作用大。因此,笔者提出如下假设:

假设3(H3):情绪表达规则对服务业管理人员工作投入的正向影响比对非管理人员的正向影响更大。

与非管理岗位相比,服务业管理岗位需要更多的教育、培训和工作经验。一般来说,经理可能有更高的情商、更高的接受度,对情绪表达规则有更好的理解。在管理者中,特质(情商)和线索(情绪表达规则)的匹配可能更强。因此,与非管理者相比,管理者的情绪表达规则和情商对工作投入的交互作用应该更强。因此,笔者提出以下假设:

假设4(H4):管理者的情绪表达规则与情商对工作投入的交互作用强于非管理者。

图4-1显示了研究假设模型。

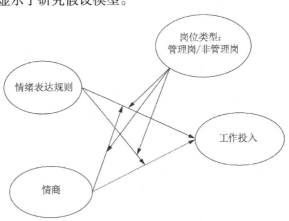

图4-1 研究假设模型

4.3 研究方法

4.3.1 研究样本和研究过程

研究样本选择中国某沿海旅游城市的8家酒店（5家四星级酒店和3家五星级酒店）。该城市总共约有40家五星级或四星级酒店。本研究采用便利抽样法。8家样本酒店均位于该市最受欢迎的海滨旅游景点。本项目的研究助理与各酒店的经理有前期的合作关系。研究助理首先访问了每家酒店，并将问卷交给酒店经理，让他们将问卷分发给员工。不到一周，研究助理就回来收集填好的问卷。这8家酒店共发放了1 500份调查问卷。在这1 500份问卷中，共有572份问卷被收回，包括388名非管理人员和153名管理人员的问卷（部分人未填写此项），问卷回收率为38.1%。

4.3.2 测量量表

本研究使用简易版（9项）Utrecht工作投入量表和五点式Likert量表测量工作投入。问题包括以下陈述："工作时，我感到精力充沛""我对工作充满热情""工作时，我感到时间过得很快"等。

情绪表达规则根据迪芬多夫（Diefendorff）等（2005）的研究中使用的7个问题，采用五点式Likert量表进行测量。问题包括"我的酒店期望我同客户交流时表现得有热情、有活力""我的酒店期望我在客户面前压制、掩饰坏的心情""我的酒店期望我在客户面前压制、掩饰负面反应"等。

本研究根据王（Wong）和刘（Law）（2002）研究中使用的16个问题，采用五点式Likert量表对情商进行测量。这些问题包括"大多数时候我很清楚当时自己为什么有某种感受""我总是能从朋友的行为中了解到他们的情绪""我有能力来控制自己的情绪"等。

在问卷的一般信息部分,受访者被要求填写其性别、年龄和职位。女性编码为"0",男性编码为"1"。"你现在的年龄是多少?"用于询问受访者的年龄。经理编码为"0",非经理编码为"1"。

问卷量表均来自英文文献,而调查以中文进行,遵循常用的回译程序。量表首先由一名精通英语和汉语的研究人员将英语翻译成汉语,然后由另一名精通英语和汉语的研究人员将汉语翻译成英语(Brislin,1980)。第三位精通英语和汉语的研究人员检查了英文和中文翻译。我们咨询了被调查酒店的几名员工,以确保这些项目可以推广到该行业的研究背景中。(Schaffer,Riordan,2003)与酒店员工的协商包括让他们审查问卷,确保他们充分理解调查项目,并且每个调查问题都适用于他们的工作。

4.3.3　数据分析

工作投入、情绪表达规则和情商的综合得分是通过对变量的项目的得分取平均值来获得的,并采用多元回归分析进行假设检验。为了避免调节效应交互项的多重共线性相关的问题,笔者按照弗雷泽等(2004)的建议,对情绪表达规则和情商的变量进行了标准化,然后将这些标准化的值用于进一步分析。笔者通过集中所有预测变量,计算调节效应的交互项,并在控制年龄和性别的情况下对因变量进行回归分析来检验假设。在多元回归分析之后,采纳维纳(Winer)等(1991)和韦斯特(West)等(1996)的建议,研究了简单斜率的显著性,以更好地反映相互作用的本质,并为研究变量对工作投入的影响提供有意义的解释,进而创建了一个可视化的图表来显示显著的交互效应。

4.3.4　同源方差问题的处理

由于本研究中的数据是通过被访者自我报告问卷收集的,因此同源方差问题可能会影响实证结果。遵循泡德萨克沃夫等（2003）的建议，笔者采取了一些预防措施，以尽量减少同源方差问题的影响。首先，为了确保问卷填答者能够坦诚填答问卷，笔者向他们提供了关于为保证保密性和匿名性而采取的预防措施的详细信息。其次，为了减少受访者对被评估的担忧，笔者向他们保证，调查中没有"正确"或"错误"的答案。再次，笔者在问卷的不同页面上分离了情绪表达规则、情商和工作投入的问题，以达到对受访者的心理分离。最后，在收集数据之后，笔者使用哈曼（Harman）单因素检验，通过泡德萨克沃夫（2003）等提出的方法检查同源方差问题的可能性。该方法已被广泛用于检查酒店管理文献中的同源方差问题（Yang, Lau, 2015）。结果显示，单因素解决方案模型不能很好地拟合数据（$\chi^2 = 3851.85$, CFI = 0.56, TLI = 0.50, NFI = 0.53, RMSEA = 0.11），因此，同源方差问题对结果没有显著影响。

4.4 研究结果

4.4.1 描述性统计和相互关系

如表4-1所示，大多数填答者为女性。非管理人员平均年龄为28.61岁，管理人员平均年龄为26.07岁。所有研究变量均具有可接受的效度和信度。

表4-1 被访者人口学基本信息（$N = 572$）

变量		管理岗位			非管理岗位		
		平均值/岁	样本量/名	占比/%	平均值/岁	样本量/名	占比/%
年龄		26.07	151		28.61	382	
性别	男		73	47.7		162	41.8
	女		78	51.0		226	58.2

续表

变量		管理岗位			非管理岗位		
		平均值/岁	样本量/名	占比/%	平均值/岁	样本量/名	占比/%
组织内工作年限	少于1年		15	9.8		29	7.5
	1—2年		29	19.0		120	30.9
	2—3年		31	20.3		67	17.3
	3—4年		17	11.1		58	14.9
	4—5年		8	5.2		13	3.4
	5—6年		12	7.8		11	2.8
	多于6年		26	17.0		17	4.4
教育程度	小学		3	2.0		4	1.0
	初中		24	15.7		106	27.3
	中专		18	11.8		78	20.1
	高中		29	19.0		73	18.8
	大专		39	25.5		76	19.6
	本科		28	18.3		21	5.4
	硕士及以上		3	2.0		0	0

注：部分样本存在人口学信息缺失，但在主要研究变量上未缺失，故模型分析中包含所有样本，而此表中仅包含人口学信息完整的样本。

4.4.2 假设检验

表4-2显示了使用三种常用模型对管理者工作投入进行回归分析的结果。模型1解释了24%（$p<0.05$）的方差；模型2包含一组双项交互作用，不能显著解释额外的方差；但是，包含三项交互作用的模型3贡献了额外的1%（$p<0.1$）的方差。因为模型3中的三项交互作用的影响是显著的，所以模型3是检验个体系数的适当范例。模型3显示，情绪表达规则对工作投入的直接正向影响显著（$B=0.23$，$t=3.69$）。当第三个变量（岗位类型）等于0时，模型3中双项交互作用（情绪表达规则×情商）的显著系数证明了条件交互作用效应（Aiken，

West,1991)。因此,情绪表达规则和情商的双项交互作用表明:对于情商高的管理者,情绪表达规则对工作投入的影响更大;当情绪表达规则水平高时,情商对管理者工作投入的影响更大($B=0.09$,$t=2.22$)。

表4-2 管理者工作投入的回归分析

变量	管理者工作投入					
	模型1		模型2		模型3	
	B	t值	B	t值	B	t值
常数	3.91**	39.13	3.87**	38.05	3.87**	38.16
年龄	0.01**	3.97	0.01**	4.01	0.01**	3.97
性别	−0.03	−0.65	−0.03	−0.59	−0.02	−0.53
岗位类型	−0.01	−0.16	0.01	0.20	0.03	0.54
情绪表达规则	0.14**	5.66	0.26**	4.24	0.23**	3.69
情商	0.20**	7.64	0.20**	4.77	0.22**	5.14
岗位类型×情绪表达规则			−0.14*	−2.27	−0.11	−1.62
岗位类型×情商			0.00	0.03	−0.03	−0.60
情绪表达规则×情商			0.02	0.87	0.09*	2.22
岗位类型×情绪表达规则×情商					−0.11*	−2.15
R^2	0.24**		0.25**		0.25**	
R^2改变量			0.01		0.01*	
F值	33.12		21.63		19.87	

注:*$p<0.1$,**$p<0.05$。

为了测试情绪表达规则和情商对非管理者工作投入的交互效应,我们颠倒了岗位类型的编码:管理者=1,非管理者=0。结果见表4-3。由表4-3可知,模型2是显著的,并且是检验单个系数的适当范例。在模型2中,情绪表达规则对非管理者工作投入的直接正向影响也显著,但弱于管理者($B=0.09$,$t=3.32$),因此,支持H1和H2。模型2还表明,对于非管理者,情绪表达规则和情商对工作投入的双项交互作用不显著($B=0.02$,$t=0.84$)。这些结果支持 H3 和 H4。

表 4-3 非管理者工作投入的回归分析

变量	非管理者工作投入					
	模型 1		模型 2		模型 3	
	B	t 值	B	t 值	B	t 值
常数	3.90**	43.87	3.88**	43.85	3.89**	43.83
年龄	0.01**	3.88	0.01**	4.08	0.01**	4.02
性别	-0.03	-0.73	-0.03	-0.71	-0.03	-0.65
岗位类型	0.03	0.49	0.02	0.32	-0.01	-0.21
情绪表达规则	0.14**	5.49	0.09**	3.32	0.10**	3.57
情商	0.20**	7.63	0.23**	7.05	0.22**	6.76
岗位类型 × 情绪表达规则			0.26**	3.67	0.23**	2.99
岗位类型 × 情商			-0.09	-1.68	-0.07	-1.18
情绪表达规则 × 情商			0.02	0.84	-0.01	-0.30
岗位类型 × 情绪表达规则 × 情商					0.09	1.62
R^2	0.24**		0.26**		0.27**	
R^2 改变量			0.02**		0.00	
F 值	33.10		23.05		20.85	

注:**$p<0.05$。

显著的三项交互效应可以用两个图来描述,每个图都包含显著的双向交互效应。结果显示,情绪表达规则和情商对工作投入的交互效应仅对管理者显著,因此我们只呈现了针对管理者的图(图 4-2 和图 4-3)。图上的"低"和"高"在双向上分别与情绪表达规则的平均值和情商的平均值相差一个标准差。

交互效应分析的最后一步是检查交互关系的斜率是否不同于 0。显著交互项说明斜率彼此不同,但没有显示每个斜率是否与 0 显著不同。

根据弗雷泽（2004）的建议，笔者需要测试斜率的显著性。为了检验斜率的显著性，笔者按照韦斯特等（1996）提出的方法进行了一系列回归分析。首先将工作投入、情绪表达规则和情商进行中心化，然后创建了四个新变量：DRL（低情绪表达规则）、DRH（高情绪表达规则）、EIL（低情商）和 EIH（高情商）。通过将情绪表达规则和情商的标准差分别加到中心情绪表达规则和情商中，并从中心情绪表达规则和情商中减去标准差来创建新变量。由于交互效应仅对管理者显著，笔者采用了四个回归分析，使用相同的回归模型仅对管理者的工作投入进行分析。

第一个回归分析使用了中心化工作投入和 EIL（低情商），说明了低情商管理者的情绪表达规则对工作投入的影响。第二个回归分析使用了中心化工作投入和 EIH（高情商），显示了高情商管理者的情绪表达规则对工作投入的影响。（图 4-2）

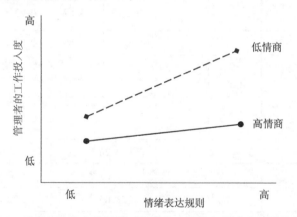

图 4-2　情商在情绪表达规则对管理者工作投入影响中的调节作用

简单斜率检验结果（表 4-4）表明，只有高情商管理者的斜率是显著的（$B = 0.33$，$p < 0.01$）。低情商管理者的斜率不显著（$B = 0.14$，$p = 0.11$）。这些结果表明，情商只调节了高情商管理者的情绪表达规则与工作投入之间的关系。（图 4-3）

表 4-4　情商调节作用的简单斜率检验

指标	低情商	高情商
系数	0.14	0.33
t 值	1.63	5.06
p 值	0.11	0.00

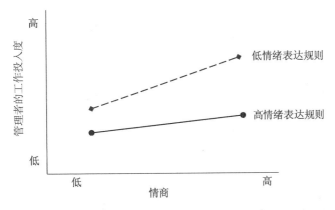

图 4-3　情绪表达规则在情商对管理者工作投入影响中的调节作用

简单斜率检验结果（表 4-5）表明，具有低情绪表达规则（$B = 0.12, p < 0.05$）和高情绪表达规则（$B = 0.31, p < 0.01$）的管理者的斜率均显著。这些结果表明，低情绪表达规则和高情绪表达规则都调节了情商对管理者工作投入的影响。

表 4-5　情绪表达规则调节作用的简单斜率检验

指标	低情绪表达规则	高情绪表达规则
系数	0.12	0.31
t 值	2.41	4.60
p 值	0.02	0.00

总之，数据分析结果表明，情绪表达规则对酒店管理者和非管理者的工作投入的直接影响都是正向显著的，并且对管理者的直接影响要大于非管理者。情绪表达规则与情商的交互效应仅对管理者显著。情绪表达规则调节了情商对管理者工作投入的影响。在高情商的管理者中，情

商只调节了情绪表达规则对工作投入的影响。因此，四个假设都得到了支持。换言之，研究结果表明：① 情绪表达规则提高了酒店管理者和非管理者的工作投入度；② 情绪表达规则仅在管理者中促进情商对工作投入的积极影响；③ 只有在高情商的管理者中，情商才会促进情绪表达规则对工作投入的积极影响。

4.5 研究贡献、局限性和未来展望

本研究旨在拓宽人们对服务业员工工作投入的理解面。研究结果具有一定的理论意义和实践意义。

4.5.1 理论意义

本研究的成果具有以下几个方面的理论意义：

第一，情绪表达规则是服务业最重要的工作要求之一，因此除了使用情绪表达规则来提高服务质量外，酒店从业者和研究人员还需要了解情绪表达规则在员工心理和绩效中的作用。目前关于工作需求（包括情绪表达规则）对工作投入的直接影响的文献对此尚无定论。本研究结果表明，情绪表达规则可以使服务业管理者和非管理者都投入工作中，并且这种积极影响对管理者更强。这一发现支持了控制理论的解释，即情绪表达规则是中国服务业员工的目标，可以帮助他们投入工作。同时，情绪表达规则对管理者的积极影响更强，这一发现支持了职业适应性理论。该理论认为，在工作场所承担更多责任或担任更高职位的个人更能适应他们的工作。因此，情绪表达规则可能会对服务业管理者产生更强烈的影响。值得注意的是，情绪表达规则的积极影响可能只存在于权力距离较高和集体主义文化的国家。如利特尔等（2011）认为，在这种文化中，人们会将情绪表达规则视为资源，从而提高他们的工作参与度。因此，笔者鼓励未来的研究验证其他国家的情绪表达规则对工作投入的影响，以证实这一论点。

第二,笔者检验了酒店管理者和非管理者的情绪表达规则和情商对工作投入的交互效应,结果仅发现管理者的交互效应显著。特质激活理论认为,当个体的特质(如情商)与情境中的线索(如表现规则)相匹配时,个体就会表现出良好的行为结果,包括更好的工作表现。(Tett,Guterman,2000)本研究结果仅部分支持特质激活理论。这项研究表明,当情商(个人的特质)和情绪表达规则(线索)出现在酒店工作场所时,工作投入就会发生,但只发生在酒店管理者之间,而不发生在非管理者之间。这表明特质激活理论不具有普遍适用性。因此,未来的研究需要在不同的研究环境或具有不同特征的个体中验证特质激活理论。

第三,先前的研究表明,情商作为一种个人资源与工作投入呈正相关。本研究结果表明,情绪表达规则能够促进酒店管理者的情商对其工作投入的积极影响。这一发现表明,工作要求不仅促进了工作资源对工作投入的影响,而且可以加大个人资源对工作投入的影响。工作要求对工作资源的这种促进作用和本研究中发现的个人资源呼吁未来的研究注重探索和测试可能具有促进作用的其他工作要求,以便服务业管理者利用这些要求来让员工参与工作。

第四,本研究检验了情商对情绪表达规则与工作投入之间关系的调节作用。本研究发现,情商可以加大情绪表达规则对工作投入的积极影响,但仅适用于高情商的管理者。本研究的描述性分析表明,管理者的情商相对高于非管理者。这可能意味着,情商需要达到一定的水平,才能实现其对情绪表达规则的助推影响。这也表明,情商是服务业员工非常重要的个人特质。高情商的员工是公司的财富,因为他们的高情商甚至可以与公司的情绪表达规则互动,帮助他们投入工作中。

第五,根据本研究中报告的管理者与非管理者之间的差异,服务业研究者在研究服务业人力资源管理时,应分别考察管理者和非管理者,而不是将两者混在一起。

4.5.2 实践意义

本研究的成果具有以下几个方面的实践意义：

第一，研究结果表明，服务业管理者可以强化员工的情绪表达规则，并将情绪表达规则内化到员工身上，进而让他们投入工作中。管理者可以向员工详细描述情绪表达规则，并通过定期培训来强调和更新情绪表达规则，以便员工更好地理解和遵守情绪表达规则。通过遵循和内化详细的情绪表达规则，员工可以更好地投入他们的工作中。

第二，研究结果提示服务业管理者：向员工强调情绪表达规则可能无法实现他们所期望的结果，因为情绪表达规则对非管理者的直接影响要小于管理者。因此，除了强化非管理者的情绪表达规则外，服务业管理者还需要提供其他必要的工作资源，如工作自主权和主管支持（Karatepe，Olugbade，2009），以营造良好的服务氛围，并选择具有良好人格特质的人，如自我效能高的人和尽职尽责的人，以提高非管理者的工作投入度。

第三，就本研究强调的情商的重要性而言，服务业管理者可能希望使用情商测量来测试求职者，以便他们雇用情商高的人。他们还可以通过制订培训和发展计划来提高员工的情商。

4.5.3 局限性和未来展望

本研究有理论和实践贡献，也有局限性。本研究有三个主要的局限，在未来的研究中应该加以注意。第一，本研究采用横断面和相关设计，限制因果关系推断。未来的研究需要采用纵向设计或实验设计来验证研究变量之间的因果关系。第二，本研究使用了自我报告问卷，这可能导致变量之间的关系膨胀，以及同源方差问题和社会期望导致的数据偏差。尽管笔者在数据收集过程中采取了措施来减弱同源方差问题和社会期望的影响，并进行了哈曼单因素检验，但未来研究最好收集不同来源的数据，如受访者的主管或同事。第三，由于文化背景可能会影响情绪表达规则的作用，研究需要在不同的文化背景中进行测试。未来文化背景对人事心理的影响有待进一步研究。第四，虽然迪芬多夫等（2005）的情绪表达规则量表被广泛用于测量工作中对情绪表达规则的感知，但一些项目可能存在双重问题。因此，在未来的研究中，复测它或开发一个更好的量表来测量情绪表达规则是值得的。第五，本研究的样本来自酒店行业，不一定能代表其他服务行业。此外，研究结果还提示，未来的研究应该在不同的研究环境或具有不同特征的个体中检验特质激活理论，因为本研究仅部分支持这一理论。未来的研究需要探索和测试其他可能对工作/个人资源和工作投入之间的关系产生促进影响的工作要求，以便服务业管理者很好地利用它们来吸引员工。

4.6 结 论

由于工作投入对组织有积极影响，所以它是管理学研究中一个重要的变量。笔者通过调查情绪表达规则和情商对工作投入的交互作用，并检验其在中国酒店管理者和非管理者之间的差异，扩展了该研究的范围。研究结果表明，情绪表达规则对工作投入有显著的直接影响，情绪表达规则和情商对工作投入有显著的交互作用。该研究还证明了酒店管理者和非管理者在情绪表达规则和情商对工作投入的交互作用上的差异，并提出了在不同环境和不同特征的个体中检验特质激活理论的必要性。本研究结果提示，未来的研究应该将注意力转向工作要求和个人心理因素（这些因素可能会相互影响，从而影响工作投入），并对酒店管理者和非管理者分别进行独立研究。

本章主要参考文献

[1] AIKEN L S, WEST S G. Multiple regression: testing and interpreting interactions[M]. Newbury Park, CA: Sage, 1991.

[2] ASHFORTH, B E, HUMPHREY R H. Emotional labor in service roles: the influence of identity[J]. The Academy of Management Review,

1993,18(1):88-115.

[3] BAKKER A B, BAL M P. Weekly work engagement and performance: a study among starting teachers[J]. Journal of Occupational and Organizational Psychology,2010,83(1):189-206.

[4] BAUMEISTER R E,BRATSLAVSKY E,MURAVEN M,et al. Ego depletion: is the active self a limited resource? [J]. Journal of Personality and Social Psychology,1998,74(5):1252-1265.

[5] BRISLIN,R W. Translation and content analysis of oral and written material[J]. Handbook of Cross Cultural Psychology,1980,2(2):389-444.

[6] BROWN T J, CHURCHILL G A, PETER J P. Improving the measurement of service quality[J]. Journal of Retailing,1993,69(1):127-139.

[7] DAHLING J J,PEREZ L A. Older worker,different actor? Linking age and emotional labor strategies [J]. Personality and Individual Differences,2010,48(5):574-578.

[8] DAVIES M,STANKOV L,ROBERTS R D. Emotional intelligence: in search of an elusive construct [J]. Journal of Personality and Social Psychology,1998,75(4):989-1015.

[9] DIEFENDORFF J M, CROYLE M H, GOSSERAND R H. The dimensionality and antecedents of emotional labor strategies[J]. Journal of Vocational Behavior,2005,66(2):339-357.

[10] DIEFENDORFF J M, ERICKSON R J, GRANDEY A A, et al. Emotional display rules as work unit norms: a multilevel analysis of emotional labor among nurses[J]. Journal of Occupational Health Psychology,2011,16(2):170-186.

[11] DIEFENDORFF J M, GOSSERAND R H. Understanding the emotional labor process: a control theory perspective [J]. Journal of Organizational Behavior,2003,24(8): 945-959.

[12] DIEFENDORFF J M, RICHARD E M, CROYLE M H. Are emotional display rules formal job requirements? Examination of employee and

supervisor perceptions [J]. Journal of Occupational and Organizational Psychology,2010,79(2): 273-298.

[13] DIPIETRO R B,MILMAN A. Hourly employee retention factors in the quick service restaurant industry[J]. International Journal of Hospitality & Tourism Administration,2004,5(4): 31-51.

[14] FRAZIER P A,TIX A P,BARRON K E. Testing moderator and mediator effects in counseling psychology research[J]. Journal of Counseling Psychology,2004,51(1):115-134.

[15] GOLDBERG L S, GRANDEY A A. Display rules versus display autonomy: emotion regulation, emotional exhaustion, and task performance in a call center simulation [J]. Journal of Occupational Health Psychology, 2007,12(3):301-318.

[16] GIARDINI A,FRESE M. Reducing the negative effects of emotion work in service occupations: emotional competence as a psychological resource[J]. Journal of Occupational Health Psychology, 2006, 11(1): 63-75.

[17] GRANDEY A, RAFAELI A, RAVID S, et al. Emotion display rules at work in the global service economy: the special case of the customer [J]. Journal of Service Management,2010,21(3):388-412.

[18] HEUNG V C, ZHANG H, JIANG C. International franchising: opportunities for China's state-owned hotels? [J]. International Journal of Hospitality Management,2008,27(3):368-380.

[19] HOCHSCHILD A R. The managed heart: commercialization of human feeling [M]. Berkeley,CA: University of California Press,1983.

[20] IQBAL T,KHAN K,IQBAL N. Job stress & employee engagement [J]. European Journal of Social Sciences,2012,28(1):109-118.

[21] KARATEPE O M. Procedural justice, work engagement, and job outcomes: evidence from Nigeria [J]. Journal of Hospitality Marketing & Management,2011,20(8):855-878.

[22] KARATEPE O M, OLUGBADE O A. The effects of job and

personal resources on hotel employees' work engagement [J]. International Journal of Hospitality Management,2009,28(4):504-512.

[23] KARATEPE O M,OLUGBADE O A. The mediating role of work engagement in the relationship between high-performance work practices and job outcomes of employees in Nigeria [J]. International Journal of Contemporary Hospitality Management,2016,28(10):2350-2371.

[24] KLEHE U-C, ZIKIC J, VAN VIANEN A E, et al. Career adaptability,turnover and loyalty during organizational downsizing[J]. Journal of Vocational Behavior,2011,79(1):217-229.

[25] LEE J J, OK C M. Understanding hotel employees' service sabotage: emotional labor perspective based on conservation of resources theory [J]. International Journal of Hospitality Management, 2014, 36: 176-187.

[26] LITTLE L M,NELSON D L,QUADE M J,et al. Stressful demands or helpful guidance? The role of display rules in Indian call centers [J]. Journal of Vocational Behavior,2011,79(3):724-733.

[27] LLORENS S, SCHAUFELI W, BAKKER A B, et al. Does a positive gain spiral of resources,efficacy beliefs and engagement exist? [J]. Computers in Human Behavior,2007,23(1):825-841.

[28] LU L, LU A C C, GURSOY D, et al. Work engagement, job satisfaction, and turnover intentions: a comparison between supervisors and line-level employees [J]. International Journal of Contemporary Hospitality Management,2016,28(4):737-761.

[29] MAY D R, GILSON R L, HARTER L M. The psychological conditions of meaningfulness,safety and availability and the engagement of the human spirit at work [J]. Journal of Occupational and Organizational Psychology,2004,77(1):11-37.

[30] MAUNO S,KINNUNEN U,RUOKOLAINEN M. Job demands and resources as antecedents of work engagement: a longitudinal study [J]. Journal of Vocational Behavior,2007,70(1):149-171.

[31] MCBAIN R. Employee engagement – the emergence of a new construct[J]. Henley Manager Update,2006,17(4):21 – 33.

[32] MONTAG C,DUKE É,SHA P,et al. Does acceptance of power distance influence propensities for problematic Internet use? Evidence from a cross-cultural study[J]. Asia-Pacific Psychiatry,2016,8(4):296 – 301.

[33] PINE R,PHILLIPS P. Performance comparisons of hotels in China [J]. International Journal of Hospitality Management,2005,24(1):57 – 73.

[34] PIZAM A. Are hospitality employees equipped to hide their feelings? [J]. International Journal of Hospitality Management,2004,23 (4):315 – 316.

[35] PODSAKOFF P M,MACKENZIE S B,Lee J-Y,et al. Common method biases in behavioral research:a critical review of the literature and recommended remedies[J]. Journal of Applied Psychology,2003,88(5):879 – 903.

[36] SAKS A M. Antecedents and consequences of employee engagement[J]. Journal of Managerial Psychology,2006,21(7):600 – 619.

[37] SAVICKAS M L. Career adaptability:an integrative construct for life-span,life space theory[J]. Career Development Quarterly,1997,45(3):247 – 259.

[38] SCHAFFER B S,RIORDAN C M. A review of cross-cultural methodologies for organizational research:a best-practices approach [J]. Organizational Research Methods,2003,6(2):169 – 215.

[39] SONG Z,CHON K,DING G,et al. Impact of organizational socialization tactics on newcomer job satisfaction and engagement:core self-evaluations as moderators[J]. International Journal of Hospitality Management,2015,46:180 – 189.

[40] TETT R P,GUTERMAN H A. Situation trait relevance,trait expression,and cross-situational consistency:testing a principle of trait activation[J]. Journal of Research in Personality,2000,34(4):397 – 423.

[41] WEST S G,AIKEN L S,KRULL J L. Experimental personality

designs: analyzing categorical by continuous variable interactions[J]. Journal of Personality,1996,64(1):1 -48.

[42] WINER B J,BROWN D R,MICHELS K M. Statistical principles in experimental design[M]. 3rd ed. New York,NY: McGraw-Hill,1991.

[43] WONG C-S,LAW K S. The effects of leader and follower emotional intelligence on performance and attitude: an exploratory study [J]. The Leadership Quarterly,2002,13(3):243 -274.

[44] XANTHOPOULOU D, BAKKER A B, DEMEROUTI E, et al. Reciprocal relationships between job resources, personal resources, and work engagement[J]. Journal of Vocational Behavior,2009,74(3):235 -244.

[45] YANG F X,LAU V M-C. Does workplace guanxi matter to hotel career success? [J]. International Journal of Hospitality Management,2015, 47:43 -53.

第 5 章

多任务处理要求对服务业员工顾客导向的影响机制——工作投入的中介作用

本研究旨在通过考察工作投入的中介作用以及多重任务倾向（Polychronicity）和员工建言（Employee Voice）行为的调节作用，探讨多任务处理（Multitasking）要求如何及何时影响顾客导向。我们对536名酒店员工进行了问卷调查，并采用SPSS宏过程对数据进行了分析。研究结果表明：工作投入在多任务处理要求与顾客导向之间起完全中介作用；多重任务倾向会增强这种中介作用；员工建言行为会削弱这种中介作用。虽然先前的研究结果反映了多任务处理要求对任务绩效（Task Performance）的不利影响，但本研究通过实证揭示了多任务处理要求对情境绩效（Contextual Performance）的激励价值，并展示了这种有利影响如何以及何时更强和更弱。研究结果具有理论意义和实践意义。

5.1 引言

在当代职场环境中，多任务处理要求是一种普遍的工作要求，因为它不仅能够帮助组织节省人力成本，还可以帮助组织应对劳动力短缺的问题，而且多任务处理要求还能避免员工对工作感到单调乏味（Parker，2014）。多任务处理要求同时具有时间压力和工作超负荷。成功完成多任务可以促进个人成长和成就（Lepine, Podsakoff, Lepine, 2005）。因此，多任务处理要求作为一种工作压力源，常被认为是一种具有激励性的挑战型压力源，而不是一种具有障碍性的阻碍型压力源（Cavanaugh, Boswell, Roehling, et al, 2000）。然而，先前的一些研究说明了多任务处理要求对任务绩效（如工作效率和工作准确性）的不利影响。而关于多任务处理要求与情境绩效之间关系的实证研究却很少。这就表明更深入地研究多任务处理要求对工作绩效，尤其是对情境绩效影响的急迫性。

顾客导向（Customer Orientation）是情境绩效最重要的指标之一，决定了组织在商场竞争中的成败（Grissemann, Plank, Brunner-Sperdin, 2013）。鉴于多任务处理要求的普遍性和顾客导向的重要性，了解多任务处理要求如何及何时影响顾客导向至关重要。回答这两个问题的意义是双重的：一方面，如果多任务处理要求对员工的顾客导向有害，就像对任务绩效有害一样，那么管理者就需要相应地制定干预策略，以减少多任务处理要求对员工顾客导向的负面影响；另一方面，如果正如理论上所建议的那样，多任务处理要求有利于顾客导向，那么管理者也可以相应地制定更有效的管理策略，以更好地利用多任务处理要求来增强顾客导向。然而，在文献中，很少有人对多任务处理要求对顾客导向的影响进行实证研究，更不用说研究多任务处理要求与顾客导向之间的关联机制了。

因此，我们选择了工作投入、多重任务倾向和员工建言行为作为本研究的研究变量，以探讨它们在多任务处理要求和顾客导向之间的关系中所起的作用。我们选取这些变量进行研究的原因如下：工作投入是近年来管理心理学的一个热门研究概念，其中介作用在多个研究背景中得到确认，它在本研究背景下的潜在中介作用值得探究。许多学者发现，多任务处理要求的影响与多重任务倾向密切相关（Grawitch, Barber, 2013; Lin, 2019），因此研究多任务处理要求时，不应忽视多重任务倾向。员工建言行为作为一种分外工作行为，除了分内工作多任务处理要求外，还需要投入更多的个人资源，包括时间和精力（Long, Li, Ning, 2015）。因此，员工建言行为在多任务处理要求中的作用值得研究。本研究借鉴了压力认知评价理论（Lazarus, 1991）、工作要求-资源模型（Bakker, Demerouti, 2008）、特质激活理论（Tett, Guterman, 2000）和资源再分配框架（Bergeron, 2007），提出了一个有调节的中介模型，即多任务处理要求通过工作投入对员工的顾客导向产生积极影响，其直接和间接影响在不同的多重任务倾向水平和员工建言行为水平上存在差异。本研究的目的是通过考察工作投入的中介作用及多重任务倾向和员工建言行为在中介作用过程中的调节作用，探讨多任务处理要求如何及何时影响员工的顾客导向。下面的文献综述部分详细阐述了这些假设是如何推演出来的。

5.2 文献综述

5.2.1 多任务处理要求和顾客导向

多任务处理要求被定义为同时参与两个或多个任务（Kalisch, Aebersold, 2010）。本邦南-菲希（Benbunnan-Fich）于2011年提出了多任务处理要求的两个原则，即独立性和并发性原则。独立性原则是指正在进行的多任务是独立的、相互之间无交叉的，而并发性原则是指这些多任务在特定的时间段内有一些重叠。企业组织要求员工同时处理多项任务主要出于两个原因：节省成本，尤其是在人员短缺的情况下；消除简单重复工作的无趣或激发员工的能力（Parker, Song, Yoon, et al, 2014）。

多任务处理要求对个人工作绩效的影响已经被研究过，但这些研究主要是关于任务绩效而不是情境绩效的。正如摩托威德罗（Motowidlo）和范·斯科特（Van Scotter）（1994）所提出的，工作绩效可以分为任务绩效和情境绩效。任务绩效被定义为与组织的技术核心相关的工作行为，无论是通过执行其技术流程，还是通过维护和服务其技术要求，如工作效率和准确性（Miao, 2011; Motowidlo, Van Scotter, 1994）；而情境绩效是指与主要任务功能没有直接关系，却是任务过程的关键催化剂，从而塑造组织、社会和心理背景的个人行为，如顾客导向和员工互助（Motowidlo, Van Scotter, 1994; Werner, 2000）。在激烈的商业市场竞争中，要想取得持续的成功，组织不仅需要高生产率和成本效率等任务绩效，还需要提高情境绩效，如顾客导向（Alge, Gresham, Heneman, et al, 2002; Kim, Leong, Lee, 2005）。先前的研究揭示了多任务处理要求对任务绩效的不利影响。例如，多任务处理要求会导致员工更长的反应时间和更多的工作失误（Karayanidis, Jamadar, Ruge, et al, 2010）。也有研究报告不一致的结果。阿德勒（Adler）和本邦南-菲希（2012）报告了多任务处理要求对生产力和准确性的"U"形影响。韦葛尔（Weigl）等（2013）的研究表明，多任务处理要求不会降低医生的工作效率。尽管先前的研究在多任务处理要求和任务绩效之间的关系上有这些发现，但关于多任务处理要求和情境绩效之间关系的研究非常缺乏。

顾客导向作为一种情境绩效，是指员工对顾客提供周到、体贴的帮助和合作的倾向（Hogan, Hogan, Busch, 1984）。高度以客户为导向的员工是商业公司的财富（Lombardi, Sassetti, Cavaliere, 2019; Ye, Lyu, He, 2019），因为他们拥有让客户满意所需的最重要的特质，包括对客户友好、乐于助人和体贴（Hennig-Thurau, 2004）。多任务处理要求和顾客导向之间的关系可以用压力认知评价理论从理论上进行解释。压力认知评价理论认为，员工对挑战型压力源和阻碍型压力源的感知是不同的。挑战型压力源被个人评价为能够潜在地促进他们的个人成长和成就的压力源，与动机和工作结果呈正相关。挑战型压力源包括时间压力、工作超负荷、结果责任等（Cavanaugh, Boswell, Roehling, et al, 2000）。阻碍型压力源被个体视为潜在限制其个人发展和工作成就的压力源，与动机和工作结果呈负相关（Crawford, Lepine, Rich, 2010; Rodell, Judge, 2009）。阻碍型压力源包括官僚化的管理体制和模糊任务（Cavanaugh, Boswell, Roehling, et al, 2000）。由此看来，多任务处理要求可能被视为一种挑战型压力源。由于挑战型压力源通常是激励性的，并能预测积极的工作结果，因此多任务处理要求可能会潜在地激励员工更加以客户为导向。因此，笔者提出如下假设：

假设1（H1）：多任务处理要求提高了服务业员工的顾客导向水平。

5.2.2 工作投入的中介作用

工作投入是一种积极的情感动机状态，以活力、奉献和专注为特征。工作投入度高的员工对工作有高度的精力和热情，通常工作效率更高，工作更富有成效（May, Gilson, Harter, 2004）。工作投入已被证实会带来多种积极的绩效结果，如更高的工作满意度、更少的离职意向、更积极的行为反应和更高水平的组织承诺（Babakus, Yavas, Karatepe, 2017; Lu, Lu, Gursoy, et al, 2016）。

在文献中，工作投入在工作要求-资源模型的框架下得到了广泛的研究（Bakker, Demerouti, 2008）。根据工作要求-资源模型，工作要求，特别是那些被员工视为挑战型压力源的工作要求，具有提高员工工作投入度的作用，工作投入进而会带来积极的员工成果。也就是说，工作要求（如挑战型压力源）通过工作投入提升员工工作绩效（如顾客导向）（Agarwal, Datta, Blake-Beard, et al, 2012）。工作投入的中介作用已经在不同的研究背景下得到了实证检验。在本研究的框架内，如果员工被要求同时处理多项任务，在这些任务中，更多的责任和时间压力挑战着他们的能力，成功地完成多重任务将会使他们产生成就感和自我实现感，从而更好地投入工作。因此，他们可能会受到激励，在工作中更加以客户为导向。因此，笔者提出如下假设：

假设2（H2）：工作投入在多任务处理要求和顾客导向之间起中介作用。

5.2.3　多重任务倾向的调节作用

多重任务倾向指的是个体同时做多个任务的偏好（Daskin, 2019）。正如Persing（1999）所强调的，多重任务倾向不是同时做几件事的行为，而是一种相对持久的同时做几件事的偏好。多重任务倾向水平高的个体喜欢同时开展多项任务，多管齐下，而不喜欢以先完成一件再完成下一件的方式去完成多项任务（Conte, Jacobs, 2003）。相比之下，多重任务倾向水平低的个体倾向于在同一时间段内专注于一项任务，完成一项任务后再开始下一项任务（Arasli, Namin, Abubakar, 2018）。

关于多重任务倾向对多任务处理要求的调节作用，特质激活理论可以作为其理论基础。特质激活理论使用个人-情境互动来解释基于情境中对特质相关线索的反应的行为。该理论认为，当个体的特质与情境中的线索相匹配时，即特质与情境相关时，个体就会表现出良好的行为结果，包括对情境的积极反应和更好的表现。根据其定义，多重任务倾向是一种与多任务处理要求相关的人格特质。当多重任务倾向水平高的个体获得多项任务时,工作情境(多任务处理要求)与他们的人格特质(多重任务倾向)相匹配。在这种情况下,多重任务倾向水平高的个体将对多任务需求做出更积极的反应,并产生更好的工作绩效,如工作投入和顾客导向。因此,笔者提出如下假设:

假设3(H3):多重任务倾向增强多任务处理要求对工作投入的影响。

假设4(H4):多重任务倾向增强多任务处理要求对顾客导向的影响。

5.2.4 员工建言行为的调节作用

员工建言行为是指员工对与工作相关的问题的自主思考及向上沟通的意愿和行为(Lepine,Van Dyne,1998)。员工建言行为是员工职责之外的工作行为,旨在改善现状(Duan,Li,Xu,2016)。大量研究表明,员工建言行为对个人工作绩效和组织效能等优质工作结果具有积极的预测作用(Frazier,Bowler,2015;Kim,Macduffie,PIL,2010;Whiting,Podsakoff,Pierce,2008)。由于员工建言行为的潜在益处,学者们一直建议组织鼓励员工建言行为(Liang,Chang,Ko,et al,2017)。

然而,资源分配框架(Bergeron,2007)表明,将个人的资源(包括时间和精力)分配给职责以外工作行为(如员工建言)可能会降低个人的职责内工作绩效,反之亦然。例如,有学者(Long,Li,Ning,2015)揭示了工作场所中挑战型压力源的增加伴随着员工建言行为的减少,因为员工必须保留个人资源。这些研究结果表明,员工建言行为在多任务处理要求与工作结果(包括工作投入和顾客导向)之间的关系中起调节作用。当具有某些资源的员工更多地参与到员工建言行为中时,他/她可能不得不分配较少的资源来应对多任务处理要求,从而可能导致较差的绩效,如较低的工作参与度和顾客导向水平。相反,如果员工较少参与建言行为,他/她可能会分配更多的资源用于多任务处理

要求,更专注于工作本身,有更多的精力以客户为导向。因此,笔者提出如下假设:

假设5（H5）：员工建言行为削弱多任务处理要求对工作投入的影响。

假设6（H6）：员工建言行为削弱多任务处理要求对顾客导向的影响。

拟议的研究假设框架如图5-1所示。

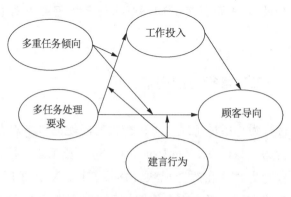

图5-1 研究假设框架

5.3 研究方法

5.3.1 研究样本和研究程序

这项研究是在中国山东青岛的酒店业进行的,选取青岛酒店业作为研究样本有以下几个原因。第一,酒店业工作的重要特征之一就是要求员工同时做多项事情。例如,酒店通常要求前台文员执行前台功能的多个方面,并扩展到预订、礼宾和话务员等领域。一些酒店对员工的期望更高,如员工的工作职责甚至扩展到餐饮服务方面（Baum, Odgers, 2001）。第二,酒店业作为员工与顾客互动密集的服务行业,对顾客导向的要求很高。第三,青岛是中国最受欢迎的旅游目的地之一,且研究团队与该城市有合作关系。

青岛共有8家酒店受邀参加本次研究。调查问卷被分发给8家酒店的2 000名员工。一名研究助理联系了每家酒店，询问他们是否愿意帮助研究。如果他们同意参与调查工作，研究助理就把问卷和空信封一起留下。酒店的人力资源经理负责问卷收集。人力资源经理向员工介绍研究情况并分发问卷，员工则自愿参与研究。参与者被要求将填好的问卷放入密封的信封中并返还给人力资源经理。一周后，研究助理回来领取填好的问卷。在这2 000人中，共有536人（包括342名非管理人员和194名管理人员）返回问卷，回复率为26.8%。

调查问卷以中文进行，遵循常用的回译程序。这些测量量表首先由一名精通英语和汉语的研究人员将英语翻译成汉语，然后由另一名同样精通英语和汉语的研究人员将中文翻译回英语（Brislin，1980）。第三位精通英语和汉语的研究人员检查了英文和中文翻译，并咨询了被调查酒店的几名员工，以确保这些问题适合酒店业的研究背景（Schaffer，Riordan，2003）。

5.3.2　测量量表

测量量表都选自文献，并由先前的研究人员广泛测试。哥尼格（König）等（2010）使用五点式Likert量表，通过四个项目来衡量多任务处理要求。本研究使用肖菲利等（2006）的9项工作投入调查量表（UWES）来衡量工作投入，并使用五点式Likert量表。使用苏斯金德（Susskind）等（2007）的5个问题的研究成果来测量顾客导向，同样使用五点式Likert量表。根据布鲁道恩（Bluedorn）等（1999）改编的五点式Likert量表，通过10个问题对多重任务倾向进行评估。范·达因（Van Dyne）和勒平（Lepine）（1998）开发的六个问题用于测量员工建言行为。

5.3.3 同源方差问题

由于本研究中的数据是通过自我报告问卷收集的,因此同源方差问题可能会影响实证结果。此外,工作投入、员工建言行为和顾客导向都是积极导向的变量。因此,采用泡德萨克沃夫等(2003)建议的方法,我们采取了一些预防措施,以尽量减少同源方差问题的影响。首先,为了提高受访者的坦诚度,我们向他们提供了有关为保证保密性和匿名性而采取的预防措施的详细信息。其次,为了减少受访者对被评估的担忧,我们向他们保证,调查中没有所谓正确或错误的标准答案。再次,我们将工作投入、顾客导向和员工建言行为这三个项目在问卷的不同页面上进行了分离,以让被调查者产生心理分离效应。

5.4 结 果

5.4.1 描述性统计和相关分析

如表5-1所列,女性(52.4%)多于男性(47.0%)。受访者的平均年龄为27岁。在教育程度方面,31.2%($n=167$)的受访者的教育水平为大专,19.4%($n=104$)的受访者毕业于中专,18.3%的受访者($n=98$)拥有学士学位。大多数受访者为非管理人员(63.8%,$n=342$)和全职员工(90.1%,$n=483$)。表5-2显示了各变量的平均值和标准差、效度系数和研究变量的相关系数。括号中的数字是这些变量的Cronbach α 系数(效度系数)。

表 5-1　被调查者人口学信息

变量		样本量/名	均值/岁	占比/%
年龄		536	27	
性别	女	281		52.4
	男	252		47.0
教育程度	小学	4		0.7
	初中	62		11.6
	中专	104		19.4
	高中	83		15.5
	大专	167		31.2
	本科	98		18.3
	研究生	7		1.3
岗位类型	管理岗	175		32.6
	非管理岗	342		63.8
工作模式	全职	483		90.1
	兼职	47		8.8

表 5-2 描述性统计结果

变量	均值	标准差	年龄	性别	教育程度	岗位类型	工作模式	多任务处理要求	工作投入	顾客导向	多重任务倾向	员工建言行为
年龄	27.05	7.75										
性别			-0.00									
教育程度			0.02	-0.13**								
岗位类型			-0.15**	0.02	-0.33**							
工作模式			0.06	0.05	-0.13**	0.00						
多任务处理要求	3.57	0.47	0.01	-0.06	0.15**	-0.08	-0.04	(0.79)				
工作投入	4.17	0.65	0.17**	-0.03	0.23**	-0.17**	-0.05	0.32**	(0.93)			
顾客导向	4.33	0.57	0.03	-0.05	0.10**	-0.12**	-0.04	0.21**	0.45**	(0.84)		
多重任务倾向	2.98	0.46	-0.08	-0.05	0.01	-0.11**	0.02	0.21**	0.12**	0.10**	(0.82)	
员工建言行为	3.90	0.77	0.06	-0.04	0.08	-0.22**	0.02	0.19**	0.43**	0.46**	0.14**	(0.91)

注：** $p < 0.05$。

5.4.2 假设检验

中介效应分析是回答自变量如何影响因变量，而调节效应分析是回答自变量何时影响因变量（Guan, Yeh, Chiang, 2020; Megeirhi, Ribeiro, Woosnam, 2020; Preacher, Rucker, Hayes, 2007; Hayes, 2013）。我们的假设包括多任务处理要求如何（中介效应）、何时（调节效应）以及何时通过中介效应（有调节的中介效应）影响顾客导向。如果中介过程取决于调节变量的值，则说明有调节的中介效应存在（Muller, Judd, Yzerbyt, 2005; Edwards, Lambert, 2007; Hayes, 2013）。有调节的中介效应是指在不同的调节变量下，自变量与因变量之间的中介过程是不同的。在测试调节中介模型之前，我们运用了一个简单的回归模型来检验多任务处理要求对顾客导向（H1）的直接影响。为了测试有调节的中介模型，我们使用海耶斯（Hayes）提出的SPSS宏过程来检验单一模型中的中介效应、调节效应和有调节的中介效应。这个SPSS宏过程是专门为评估复杂模型而开发的。复杂模型是指同时包括中介变量和调节变量的模型。近年来，它已被学术界广泛使用。

表5-3列出了假设检验的结果。该模型由三部分组成：多任务处理要求对顾客导向的直接影响的简单回归模型、中介变量模型和因变量模型。简单回归模型表明，多任务处理要求对顾客导向有显著的积极影响，支持H1。从中介变量模型和因变量模型可以看出，在控制了年龄、性别、教育程度、岗位类型和工作模式后，多任务处理要求正向预测工作投入（$B=0.28$，$p<0.05$），工作投入正向预测顾客导向（$B=0.23$，$p<0.01$），但多任务处理要求并不能直接预测顾客导向（$B=0.02$，$p=0.37$）。这些结果表明，工作投入在多任务处理要求与顾客导向的关系中具有显著的完全中介效应，因此，支持H2。此外，多任务处理要求和多重任务倾向的交互作用对工作投入有显著影响（$B=0.10$，$p<0.01$）；但多任务处理要求和多重任务倾向的交互作用对顾客导向的影响不显著（$B=-0.03$，$p=0.28$）。多任务处理要求和员工建言行为的交互作用对工作投入有显著影响（$B=-0.16$，$p<0.01$），对顾客导向

没有显著影响（$B=0.04$，$p=0.09$）。这些结果表明，多任务处理要求和工作投入之间的关系受到多重任务倾向的促进，并受到员工建言行为的缓冲，因此，支持 H3 和 H5，但不支持 H4 和 H6。从条件间接效应分析（表5-4）中可以看出，三个条件间接效应（低 PLCN 和低 EV、高 PLCN 和低 EV、高 PLCN 和高 EV）是正的且与零显著不同，但低 PLCN 和高 EV 的条件间接效应与零无显著差异。也就是说，当多重任务倾向和员工建言行为处于不同水平时，多任务处理要求通过工作投入对顾客导向产生间接影响。然而，当 PLCN 较低而 EV 较高时，多任务处理要求对工作投入的影响并不显著。图5-2 直观地显示了多重任务倾向和员工建言行为在多任务处理要求和工作投入之间的关系中的调节作用。在多任务处理要求水平相同的情况下，具有高 PLCN 和高 EV 的个体最专注于工作，其次是高 PLCN 和低 EV 的个体，再次是低 PLCN 和低 EV 的个体；多任务处理要求不影响低 PLCN 和高 EV 的个体的工作投入。有意思的是，在多任务处理要求增加相同水平的情况下，具有高 PLCN 和低 EV 的个体在工作投入方面获得了最大的增长，其次是低 PLCN 和低 EV 的个体，再次是高 PLCN 和高 EV 的个体。

表5-3 假设检验结果

	模型分析	B	SE	t 值	p 值
简单回归模型（多任务处理要求对顾客导向的直接影响）	常数	0.21	0.39	0.50	0.60
	年龄	0.00	0.01	0.51	0.62
	性别	-0.06	0.09	-0.71	0.48
	教育程度	0.02	0.04	0.66	0.51
	岗位类型	-0.15	0.09	-1.59	0.11
	工作模式	-0.06	0.16	-0.41	0.68
	多任务处理要求	0.19***	0.05	4.19	0.00
中介变量模型（工作投入）	常数	-0.78**	0.31	-2.54	0.01
	年龄	0.02***	0.00	3.54	<0.01
	性别	0.04	0.07	0.61	0.54

续表

	模型分析	B	SE	t 值	p 值
中介变量模型（工作投入）	教育程度	0.12***	0.03	4.24	<0.01
	岗位类型	-0.01	0.07	-0.17	0.87
	工作模式	-0.17	0.12	-1.33	0.18
	多任务处理要求	0.28**	0.04	6.9	0.01
	多重任务倾向	0.21***	0.04	4.97	<0.01
	多任务处理要求×多重任务倾向（交互项1）	0.10***	0.04	2.74	<0.01
	员工建言行为	0.20***	0.04	4.79	<0.01
	多任务处理要求×员工建言行为（交互项2）	-0.16***	0.04	-4.10	<0.01
	$R^2 = 0.65^{***}$ $F = 32.39$				
	R^2（增加交互项1）$= 0.01^{***}$				
	R^2（增加交互项2）$= 0.02^{***}$				
因变量模型（顾客导向）	常数	4.43***	1.97	22.49	<0.01
	年龄	-0.00	0.00	-0.95	0.35
	性别	-0.04	0.04	-0.93	0.35
	教育程度	-0.00	0.02	-0.15	0.88
	岗位类型	0.03	0.05	0.54	0.59
	工作模式	-0.00	0.08	-0.06	0.95
	多任务处理要求	0.02	0.03	0.90	0.37
	工作投入	0.23***	0.03	7.75	<0.01
	多重任务倾向	-0.04	0.03	-1.55	0.12
	多任务处理要求×多重任务倾向（交互项1）	-0.03	0.02	-1.09	0.28
	员工建言行为	0.18***	0.03	6.74	<0.01
	多任务处理要求×员工建言行为（交互项2）	0.04	0.03	1.69	0.09

续表

模型分析	B	SE	t 值	p 值
因变量模型（顾客导向）	$R^2 = 0.58^{***}$, $F = 20.83$			
	R^2（adding interaction 1） $= 0.001$			
	R^2（adding interaction 2） $= 0.004$			

注：$^{**}p < 0.05$，$^{***}p < 0.01$。

表 5-4　条件间接效应分析

情形	B	SE	LLCI	ULCI
低 PLCN 和低 EV	0.34^{***}	0.05	0.23	0.45
低 PLCN 和高 EV	0.01	0.08	-0.13	0.16
高 PLCN 和低 EV	0.55^{***}	0.08	0.39	0.71
高 PLCN 和高 EV	0.23^{**}	0.06	0.11	0.35

注：① PLCN = Polychronicity（多重任务倾向），EV = Employee Voice（员工建言行为）
② $^{**}p < 0.05$，$^{***}p < 0.01$。

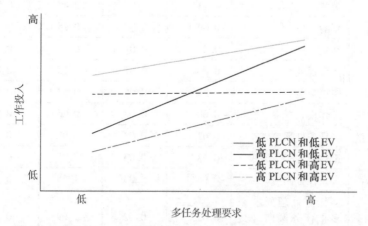

图 5-2　多重任务倾向（PLCN）和员工建言行为（EV）在多任务处理要求和工作投入关系中的调节作用

5.5 讨论和结论

本研究构建了一个有调节的中介模型来研究多任务处理要求如何及何时影响服务业员工的顾客导向。结果表明,工作投入在多任务处理要求与顾客导向的关系中起完全中介作用。此外,有调节的中介模型研究表明,工作投入的中介效应在不同的多重任务倾向和员工建言行为水平上是不同的。研究结果具有一定的理论和实践意义。

5.5.1 理论意义

本研究的成果具有以下几个方面的理论意义:

第一,先前的研究主要关注多任务处理要求对任务绩效的影响,报告了其对任务绩效的不利影响,但人们对其对情境绩效的影响知之甚少。本研究证明了多任务处理要求对工作投入的直接影响和工作投入对顾客导向的间接影响,以及多任务处理要求对任务绩效有不利影响,但多任务处理要求作为一种挑战型压力源是有激励价值的。这一发现为更重视情境绩效的工作组织和行业采取通过布置多任务处理要求来激励员工的措施提供了理论基础。

第二,尽管多任务处理要求具有激励价值,但它并不直接增强顾客导向,而是通过增强工作投入来实现。这一发现与之前关于工作投入在不同研究背景下的中介作用的研究结果一致。这回答了多任务处理要求如何影响顾客导向的问题,同时也为如何利用多任务处理要求增强员工的顾客导向提供了理论指导。

第三,多任务处理要求对多重任务倾向水平高的个体工作投入的影响比对多重任务倾向水平低的个体的影响更强。以往关于多重任务倾向的研究大多涉及其对多任务处理要求绩效的积极直接影响,但很少测试其在多任务处理要求中的调节作用。受特质激活理论的启发,本研究实证检验了多重任务倾向在多任务影响中的调节作用,并部分回答了多任务处理要求何时影响工作投入进而可能增强顾客导向的问题。

第四，多任务处理要求对较少参与建言行为的个体工作投入的积极影响比对那些更多参与建言行为的个体的影响更强。这一发现也部分回答了多任务处理要求何时影响工作投入的问题，并从经验上证明了研究分配框架的合理性。这暗示了员工保持沉默的资源节约优势。虽然大多数先前的研究论证了员工建言行为的积极结果，并一致鼓励员工建言行为，但本研究中报告的员工建言行为的削弱效应为文献增加了新的信息。

第五，研究结果表明，在四种不同多任务处理要求和员工建言行为的情形下，多任务处理要求对工作投入的影响存在差异。在现存的文献中，这是一个特殊且有意义的贡献，展示了研究变量之间复杂的相互作用，并可作为在管理实践中更好地利用多任务处理要求的理论框架。

5.5.2 实践意义

本研究的成果具有以下几个方面的实践意义：

第一，尽管多任务处理要求对任务绩效有不利影响，但它对情境绩效（如工作投入和顾客导向）有好处。因此，与组织的技术核心没有直接关系的工作（如客户服务）需要加强多任务处理要求。

第二，有多重任务倾向的员工喜欢同时做多项任务，不会为有多项任务而烦恼（Arasli，Namin，Abubakar，2018）。研究结果进一步表明，多任务处理要求对多重任务倾向员工的情境绩效有更强的积极影响，因为他们可以更投入地工作，从而提供更高水平的服务。因此，多重任务倾向水平高的员工可以接受更多的多任务处理要求。

第三，员工建言的缓冲或削弱效应研究表明，建言行为水平较低的员工对组织也是有价值的，因为他们可能将更多的资源分配给了工作本身而不是建言行为。尽管多任务处理要求对多重任务倾向水平低的员工的工作投入影响较弱，但如果多重任务倾向水平低的员工较少参与建言行为，他们仍然可以从多任务处理要求中获益。然而，对于那些高度参与建言行为的多重任务倾向水平低的员工来说，情况并非如此。

5.5.3 研究局限性

本研究有三个主要的局限性。第一，本研究采用横断面和相关设计，限制因果关系推断。未来的研究需要通过纵向设计或实验设计来验证研究变量之间的因果关系。第二，本次调查仅以中国酒店员工为研究样本。这样的样本范围不够广泛，不足以概括跨行业和跨国家的研究结果。未来的研究需要在其他行业和/或其他国家测试该研究模型。第三，本研究只考察了多任务处理要求对顾客导向和工作投入的影响，而没有考察其对其他类型的情境绩效，如工作满意度、组织承诺和离职倾向等的影响。未来的研究需要考察更多的方面。

5.6 研究总结

由于多任务处理要求的普遍性和顾客导向的重要性，了解多任务处理要求如何及何时影响顾客导向至关重要。本研究结果为这些问题提供了答案。我们的结果表明了工作投入的显著完全中介效应，以及多重任务倾向和员工建言行为对中介过程的显著调节效应。本研究的结果最终表明，未来的研究应将注意力转向多任务处理要求对情境绩效的影响，同时考虑到个体差异。

本章主要参考文献

[1] ADLER R F, BENBUNAN-FICH R. Juggling on a high wire: multitasking effects on performance[J]. International Journal of Human-Computer Studies, 2012, 70(2): 156-168.

[2] AGARWAL U A, DATTA S, BLAKE-BEARD S, et al. Linking LMX, innovative work behaviour and turnover intentions: the mediating role of work engagement[J]. Career Development International, 2012, 17(3): 208-230.

[3] ALGE B J, GRESHAM M T, HENEMAN R L, et al. Measuring customer service orientation using a measure of interpersonal skills: a preliminary test in a public service organization[J]. Journal of Business and Psychology,2002,16(3): 467-476.

[4] AMPOFO E T. Mediation effects of job satisfaction and work engagement on the relationship between organizational embeddedness and affective commitment among frontline employees of star-rated hotels in Accra [J]. Journal of Hospitality and Tourism Management, 2020, 44: 253-262.

[5] ARASLI H, NAMIN B H, ABUBAKAR A M. Workplace incivility as a moderator of the relationships between polychronicity and job outcomes [J]. International Journal of Contemporary Hospitality Management,2018,30(3):1245-1272.

[6] BABAKUS E, YAVAS U, KARATEPE O M. Work engagement and turnover intentions: correlates and customer orientation as a moderator [J]. International Journal of Contemporary Hospitality Management,2017,29(6): 1580-1598.

[7] BAKKER A B, DEMEROUTI E. Towards a model of work engagement [J]. Career Development International,2008,13(3):209-223.

[8] BAUM T, ODGERS P. Benchmarking best practice in hotel front office: the Western European experience[J]. Journal of Quality Assurance in Hospitality & Tourism,2001,2(3-4): 93-109.

[9] BENBUNAN-FICH R, ADLER R F, MAVLANOVA T. Measuring multitasking behavior with activity-based metrics[J]. ACM Transactions on Computer-Human Interaction,2011,18(2):1-22.

[10] BERGERON D M. The potential paradox of organizational citizenship behavior: good citizens at what cost? [J]. Academy of Management Review,2007,32(4):1078-1095.

[11] BORDEN L, LEVY P E, SILVERMAN S B. Leader arrogance and subordinate outcomes: the role of feedback processes[J]. Journal of Business

and Psychology,2018,33(3):345-364.

[12] BRISLIN R W. Translation and content analysis of oral and written material[J]. Handbook of Cross-cultural Psychology,1980,2(2):349-444.

[13] CANIËLS M C. Proactivity and supervisor support in creative process engagement[J]. European Management Journal,2019,37(2):188-197.

[14] CAVANAUGH M A,BOSWELL W R,ROEHLING M V,et al. An empirical examination of self-reported work stress among US managers[J]. Journal of Applied Psychology,2000,85:65-74.

[15] CHEN P,SPARROW P,COOPER C. The relationship between person-organization fit and job satisfaction[J]. Journal of Managerial Psychology,2016,31(5):946-959.

[16] CHEN C K,YU C H,CHANG H C. An empirical analysis of customer-oriented service activities in the Taiwanese public sector[J]. Total Quality Management & Business Excellence,2005,16(7):887-901.

[17] CHENG J C,CHEN C Y. Job resourcefulness,work engagement and prosocial service behaviors in the hospitality industry[J]. International Journal of Contemporary Hospitality Management,2017,29(10):2668-2687.

[18] CONTE J M,JACOBS R R. Validity evidence linking polychronicity and big five personality dimensions to absence,lateness,and supervisory performance ratings[J]. Human Performance,2003,16(2):107-129.

[19] CRAWFORD E R,LEPINE J A,RICH B L. Linking job demands and resources to employee engagement and burnout:a theoretical extension and meta-analytic test[J]. Journal of Applied Psychology,2010,95(5):834-848.

[20] DASKIN,M. Testing a structural equation model of polychronicity[J]. International Journal of Contemporary Hospitality Management,2019,31

(7):2788-2807.

[21] DUAN J Y,LI C W,XU Y,et al. Transformational leadership and employee voice behavior: a pygmalion mechanism [J]. Journal of Organizational Behavior,2016,38(5):650-670.

[22] EDWARDS J R, LAMBERT L S. Methods for integrating moderation and mediation: a general analytical framework using moderated path analysis[J]. Psychological Methods,2007,12(1):1-22.

[23] FRAZIER M L, BOWLER W M. Voice climate, supervisor undermining,and work outcomes: a group-level examination[J]. Journal of Management,2015,41(3):841-863.

[24] GRAWITCH M J, BARBER L K. In search of the relationship between polychronicity and multitasking performance[J]. Journal of Individual Differences,2013,34(4):222-229.

[25] GRISSEMANN U,PLANK A,BRUNNER-SPERDIN A. Enhancing business performance of hotels: the role of innovation and customer orientation [J]. International Journal of Hospitality Management,2013,33:347-356.

[26] GUAN X H, YEH S S, CHIANG T Y, et al. Does organizational inducement foster work engagement in hospitality industry? Perspectives from a moderated mediation model [J]. Journal of Hospitality and Tourism Management,2020,43:259-268.

[27] HENNIG-THURAU T. Customer orientation of service employees: its impact on customer satisfaction, commitment, and retention[J]. International Journal of Service Industry Management,2004,15(5):460-478.

[28] HAYES A F. Introduction to mediation,moderation,and conditional process analysis: a regression-based approach[M]. New York,NY: Guilford Publications,2013.

[29] HOGAN J, HOGAN R, BUSCH C M. How to measure service orientation[J]. Journal of Applied Psychology,1984,69(1):167-173.

[30] JANG J,GEORGE R T. Understanding the influence of polychronicity

on job satisfaction and turnover intention: a study of non-supervisory hotel employees[J]. International Journal of Hospitality Management, 2012, 31 (2): 588-595.

[31] KALISCH B J, AEBERSOLD M. Interruptions and multitasking in nursing care[J]. The Joint Commission Journal on Quality and Patient Safety, 2010, 36(3): 126-132.

[32] KARATEPE O M, BEIRAMI E, BOUZARI M, et al. Does work engagement mediate the effects of challenge stressors on job outcomes? Evidence from the hotel industry[J]. International Journal of Hospitality Management, 2014, 36: 14-22.

[33] KARATEPE O M, OLUGBADE O A. The mediating role of work engagement in the relationship between high-performance work practices and job outcomes of employees in Nigeria[J]. International Journal of Contemporary Hospitality Management, 2016, 28(10): 2350-2371.

[34] KARAYANIDIS F, JAMADAR S, RUGE H, et al. Advance preparation in task-switching: converging evidence from behavioral, brain activation, and model-based approaches[J]. Frontiers in Psychology, 2010, 1: 1-13.

[35] KIM W G, LEONG J K, LEE Y K. Effect of service orientation on job satisfaction, organizational commitment, and intention of leaving a casual dining chain restaurant[J]. International Journal of Hospitality Management, 2005, 24(2): 171-193.

[36] KIM J, MACDUFFIE J P, PIL F K. Employee voice and organizational performance: team versus representative influence[J]. Human Relations, 2010, 63(3): 371-394.

[37] KÖNIG C J, WALLER M J. Time for reflection: a critical examination of polychronicity[J]. Human Performance, 2010, 23(2): 173-190.

[38] LAZARUS R S. Emotion and adaptation[M]. New York, NY: Oxford University Press, 1991.

[39] LEPINE J A, PODSAKOFF N P, LEPINE M A. A meta-analytic test of the challenge stressor-hindrance stressor framework: an explanation for inconsistent relationships among stressors and performance[J]. Academy of Management Journal,2005,48(5):764-775.

[40] LEPINE J A, VAN DYNE L. Predicting voice behavior in work groups[J]. Journal of Applied Psychology,1998,83(6): 853-868.

[41] LIANG T L, CHANG H F, KO M H, et al. Transformational leadership and employee voices in the hospitality industry[J]. International Journal of Contemporary Hospitality Management,2017,29(1):374-392.

[42] LIN T T. Why do people watch multiscreen videos and use dual screening? Investigating users' polychronicity, media multitasking motivation, and media repertoire[J]. International Journal of Human-Computer Interaction, 2019,35(18):1672-1680.

[43] LOMBARDI S, SASSETTI S, CAVALIERE V. Linking employees' affective commitment and knowledge sharing for an increased customer orientation[J]. International Journal of Contemporary Hospitality Management, 2019,31(11):4293-4312.

[44] LONG C, LI Z, NING Z. Exploring the nonlinear relationship between challenge stressors and employee voice: the effects of leader-member exchange and organisation-based self-esteem[J]. Personality and Individual Differences,2015,83: 24-30.

[45] LU L, LU A C C, GURSOY D, et al. Work engagement, job satisfaction, and turnover intentions: a comparison between supervisors and line-level employees[J]. International Journal of Contemporary Hospitality Management,2016,28(4):737-761.

[46] LYU Y, ZHU H, ZHONG H J. et al. Abusive supervision and customer-oriented organizational citizenship behavior: the roles of hostile attribution bias and work engagement[J]. International Journal of Hospitality Management,2016,53:69-80.

[47] MANZI C, COEN S, REGALIA C, et al. Being in the social: a

cross-cultural and cross-generational study on identity processes related to Facebook use[J]. Computers in Human Behavior,2018,80:81 – 87.

[48] MAY D R, GILSON R L, HARTER L M. The psychological conditions of meaningfulness,safety and availability and the engagement of the human spirit at work[J]. Journal of Occupational and Organizational Psychology, 2004,77(1):11 – 37.

[49] MEGEIRHI H A, RIBEIRO M A, WOOSNAM K M. Job search behavior explained through perceived tolerance for workplace incivility, cynicism and income level: a moderated mediation model[J]. Journal of Hospitality and Tourism Management,2020,44:88 – 97.

[50] MIAO R T. Perceived organizational support, job satisfaction, task performance and organizational citizenship behavior in China[J]. Journal of Behavioral and Applied Management,2011,12(2):105 – 127.

[51] MOTOWIDLO S J, VAN SCOTTER J R. Evidence that task performance should be distinguished from contextual performance[J]. Journal of Applied Psychology,1994,79(4):475 – 480.

[52] MULLER D, JUDD C M, YZERBYT V Y. When moderation is mediated and mediation is moderated[J]. Journal of Personality and Social Psychology,2005,89(6):852 – 863.

[53] MURATOVA Y, RIGAMONTI D, WULFF J N. The effect of acquisitions on exploration and exploitation in China[J]. Journal of Strategy and Management,2019,12(2):174 – 188.

[54] PARK Y K, SONG J H, YOON S W, et al. Learning organization and innovative behavior: the mediating effect of work engagement [J]. European Journal of Training and Development,2014,38(1/2):75 – 94.

[55] PARKER S K. Beyond motivation: job and work design for development, health ambidexterity, and more [J]. The Annual Review of Psychology,2014,65:661 – 691.

[56] PERSING D L. Managing in polychronic times: exploring individual creativity and performance in intellectually intensive venues[J].

Journal of Managerial Psychology,1999,14(5):358-373.

[57] PODSAKOFF P M, MACKENZIE S B, Lee J-Y, et al. Common method biases in behavioral research: a critical review of the literature and recommended remedies[J]. Journal of Applied Psychology,2003,88(5): 879-903.

[58] PREACHER K J, RUCKER D D, HAYES A F. Addressing moderated mediation hypotheses: theory, methods, and prescriptions[J]. Multivariate Behavioral Research,2007,42(1):185-227.

[59] RODELL J B, JUDGE T A. Can "good" stressors spark "bad" behaviors? The mediating role of emotions in links of challenge and hindrance stressors with citizenship and counterproductive behaviors[J]. Journal of Applied Psychology,2009,94(6):1438-1451.

[60] SCHAFFER B S, RIORDAN C M. A review of cross-cultural methodologies for organizational research: a best-practices approach[J]. Organizational Research Methods,2003,6(2):169-215.

[61] SCHAUFELI W B. Work engagement. What do we know and where do we go?[J]. Romanian Journal of Applied Psychology,2012,14(1): 3-10.

[62] SCHAUFELI W B, BAKKER A B, SALANOVA M. The measurement of work engagement with a short questionnaire: a cross-national study[J]. Educational and Psychological Measurement,2006,66(4):701-716.

[63] SHIN S Y, VAN DER HEIDE B, BEYEA D, et al. Investigating moderating roles of goals, reviewer similarity, and self-disclosure on the effect of argument quality of online consumer reviews on attitude formation[J]. Computers in Human Behavior,2017,76:218-226.

[64] SUSSKIND A M, KACMAR K M, BORCHGREVINK C P. How organizational standards and coworker support improve restaurant service[J]. Cornell Hotel and Restaurant Administration Quarterly, 2007, 48 (4): 370-379.

[65] TETT R P, GUTERMAN H A. Situation trait relevance, trait expression, and cross-situational consistency: testing a principle of trait activation[J]. Journal of Research in Personality,2000,34(4):397-423.

[66] VAN DYNE L, LEPINE J A. Helping and voice extra-role behaviors: evidence of construct and predictive validity[J]. Academy of Management Journal,1998,41(1):108-119.

[67] WEIGL M, MÜLLER A, SEVDALIS N, et al. Relationships of multitasking, physicians' strain, and performance: an observational study in ward physicians[J]. Journal of Patient Safety,2013,9(1):18-23.

[68] WERNER J M. Implications of OCB and contextual performance for human resource management[J]. Human Resource Management Review,2000,10(1):3-24.

[69] WHITING S W, PODSAKOFF P M, PIERCE J R. Effects of task performance, helping, voice, and organizational loyalty on performance appraisal ratings[J]. Journal of Applied Psychology,2008,93(1):125-139.

[70] YANG Z S, CAI J M. Do regional factors matter? Determinants of hotel industry performance in China[J]. Tourism Management,2016,52:242-253.

[71] YE Y J, LYU Y J, HE Y Z. Servant leadership and proactive customer service performance[J]. International Journal of Contemporary Hospitality Management,2019,31(3):1330-1347.

[72] ZHOU Z K, LIU Q Q, NIU G F, et al. Bullying victimization and depression in Chinese children: a moderated mediation model of resilience and mindfulness[J]. Personality and Individual Differences, 2017, 104: 137-142.

第 6 章

外在动机和内在动机对服务业员工工作投入的影响——基于动机拥挤理论的检验

本研究将外在动机和内在动机作为工作投入的前因，并以酒店员工为例对动机拥挤理论进行实证检验。研究结果表明，内在动机在提高员工工作投入度方面发挥着重要作用。研究还发现，没有迹象表明当外在动机被引入时，员工的内在动机会减弱。研究结果建议服务业管理者创造一个舒适的工作环境，让工作变得更有趣、更有意义，因为这样可以增强员工的内在动机，有助于员工更好地投入工作。

6.1 引 言

研究表明，在当今的全球商业世界中，对工作投入的员工使公司更具竞争力（Bakker, Bal, 2010）。此外，对工作投入的员工有助于增加企业收入，降低劳动力成本（Swanberg, Mckechnie, Ojha, 2011），提高员工保留率（Schaufeli, Salanova, 2008），并有助于提高整体工作满意度（Saks, 2006）和工作绩效。然而，对于世界各地的许多商业组织来说，员工的工作投入问题仍然是一个挑战。因此，对工作投入的研究引起了学术界和商界专业人士的广泛关注，验证和研究工作投入的预测因素和其带来的结果（Alarcon, Edwards, 2011）意义重大。一项关于工作投入问题的早期研究表明，当获得特定的工作资源，如绩效反馈、社会支持、奖励、工作保障、工作控制、参与决策和主管支持时，员工会更加投入地工作（Schaufeli, Bakker, 2004）。此外，对酒店业的研究也支持了之前的研究，并发现培训、自主性、奖励和技术等因素可以预测员工的工作投入状况（Karatepe, 2013）。然而，尽管以前的研究者在确定工作投入和工作绩效之间的积极关系方面进行了大量的研究，但很少有文献研究工作投入的动机性前因（Van Beek, Hu, Schaufeli, 2012），特别是旅游和酒店业员工工作投入具体维度的动机性前因（Karatepe, Keshavarz, Nejati, 2010）。此外，在酒店业，特别是小型餐饮企业研究方面，还没有文献研究外在动机和内在动机对员工工作投入的影响。

研究酒店业员工工作投入的外在动机和内在动机非常重要，因为酒店业的工作性质与其他行业不同。首先，除了为顾客提供有形的产品外，酒店业还提供无形的服务产品。例如，酒店业需要高度服务型的员工，因为该行业的工作需要员工与客户之间进行大量的个人互动（Teng, Barrows, 2009）。研究表明，与客户有较多个人互动的员工倾向于更多地投入工作（Runhaar, Sanders, Konermann, 2013）。其次，众所周知，酒店业的工作环境不佳，包括工资低、工作时间长、就业机会少等。这些工作条件会降低员工的工作投入度。

然而，研究也表明，动机水平高的员工往往具有高水平的承诺、生产力和绩效（Georgellis, Iossa, Tabvuma, 2011），并且他们往往在工作中投入更多。因此，为了了解酒店业保持员工工作投入的需求，本研究开发并测试了小型餐饮企业员工工作投入的外在动机和内在动机模型。本研究还以酒店业员工为研究对象，对动机拥挤理论进行了实证检验。该理论认为，外在动机（如物质性激励）等可能会削弱一个人内在动机的影响。具体来说，心理学和心理经济学学者认为，当引入金钱等物质性激励时，员工的内在动机（如对工作本身的兴趣）会降低。然而，也有其他学者对该理论提出了批评和疑问。

6.2 文献综述

6.2.1 工作投入的定义

了解工作投入的概念有助于企业有效管理人力资源（Karatepe, Olugbade, 2009）。卡恩（1990）首次提出工作投入作为一种激励概念，为员工提供他们可以投入工作中的正能量。通过正确的激励获得的正能量可以带来积极的组织绩效；对工作投入的员工会付出超出他人的努力为组织做出贡献（Bakker, Demerouti, 2009）。卡恩（1990）将个人工作投入行为描述为三个渠道：身体、认知和情感任务。肖菲利等（2002）进一步发展了这三个渠道，并确定了工作投入的三个维度：活力、奉献和专注。肖菲利等（2002）后来将工作投入定义为一种与工作相关的积极心态，包含活力、奉献和专注。

活力是指一个人在工作和为工作付出努力时的体力投入状态。奉献与一个人的情绪状态有关。在这种情绪状态下，一个人对工作充满热情，并充分认识到执行工作的重要性和挑战性。专注与一种认知状态有关。这种认知状态的特点是全神贯注于一项工作（Bakker, Demerouti, 2008）。肖菲利及其同事提出的工作投入定义被许多学者和职场专业人士采用，并用于测量许多行业的员工工作投入水平（Bakker, Bal, 2010）。

6.2.2 工作投入的前因

关于工作投入的前因，先前的文献主要从无形的工作资源的角度来研究工作本身（如工作控制、自主性）、主管支持或辅导、社会支持和学习机会等这些无形要素对工作投入的影响。例如，巴克等（2008）发现，主管的支持、创新和赞赏对工作投入有积极影响。在另一项研究中，巴克和巴尔（Bal）（2010）发现，自主性、社会支持和学习机会与工作投入呈正相关。此外，卡拉特佩（Karatepe）等（2010）对伊朗几家四星级和五星级酒店的全职一线员工进行了一项研究，结果发现，同事支持提高了员工活力和奉献维度，但对专注维度没有影响。此外，在多个行业人员（包括卫生保健人员、教师和电气工程师）中进行的研究发现，主管支持是工作投入的显著预测因素（Bakker, Bal, 2010）。然而，卡拉特佩和奥卢格巴德（Olugbade）（2009）对酒店员工的研究没有发现主管支持和工作投入之间的显著关系。该研究揭示了主管支持与工作投入之间关系的不一致结果可能是由样本量较小导致的。

一些研究试图将有形的工作资源（如薪酬）与工作投入联系起来。曾（Zeng）等（2009）发现，高薪员工比低薪员工有更高的工作投入度。辛普森（Simpson, 2009）的报告称，在注册护士中，薪酬与工作投入显著相关。卡拉特佩（2013）对罗马尼亚110名酒店员工的研究发现，工作投入是培训、授权和奖金（高绩效工作实践）与绩效结果（工作绩效和角色外客户服务）之间的完全中介。然而，这些研究都没有考察工作投入的外在动机和内在动机的相对重要性。这方面对酒店员工尤为重要，因为酒店员工所从事的工作被认为是低技能、低报酬的工作，类似大多需要技术技能的蓝领工作。在一项早期研究中，森特斯（Centers，1948）报告称，对于主要需要技术技能的较低级别职位的员工来说，工作保障等有形工作资源是最重要的工作条件指标。在另一项研究中，森特斯和布根塔尔（Bugental，1966）发现，工作动机在不同职业层次的两个群体（白领工人和蓝领工人）之间存在显著差异。该研究对692名在职成年人进行了调查。结果显示，内在动机（工作兴趣、自我表达和对工作的满意度）对白领群体中的员工有显著影响。同时，外在动机（薪酬、工作保障和好同事）与蓝领群体中的员工有着更为显著的正向关系。由此可见，外在动机似乎使低技术员工更加投入。然而，正如前文所述，目前对酒店环境以及不同领域的研究发现，内在动机对员工工作投入有更大的影响。因此，我们有必要验证内在动机和外在动机到底哪个对服务业员工的工作投入更重要。

6.2.3　动机

多年前，包括巴甫洛夫（Pavlov）、沃森（Watson）和斯金纳（Skinner）在内的几位知名学者率先对动机进行了研究。从那时起，动机这一主题受到了不同研究领域学者的极大关注。他们试图进一步探索和建立新的动机理论。基于许多已有的动机理论，外在动机和内在动机被认为是动机理论的基本视角（Ryan，Deci，2000）。此外，关于动机的早期研究表明，与内在动机相比，外在动机（如金钱等物质性奖励）在激励员工方面更有效，在控制行为方面更强大（Mickel，Barron，2008）。酒店业的研究也声称，物质性的奖励，如金钱奖励或工资的增加，可以有效地激励员工（Lam，Baum，Pine，2001）。

有研究发现，员工最看重的工作是那些对他们来说重要且有意义的工作，而不是工作晋升、收入和工作保障（Grant，2007）。品克

(Pink, 2009）认同这一结果，并认为，当一些人相信他们正在做有意义的工作（目的）、能够自主决定自己的工作（自主性），并在工作中感觉有进步（掌握）时，他们更有创造力和积极性。此外，有研究还表明，工作性质或成就感等内在动机是酒店员工的关键驱动因素（Chuang, Yin, Deumann-Jenkins, 2009）。此外，一项对760名中国护士和医生的研究（Van Beek, Hu, Schaufeli, 2012）表明，内在动机与工作投入呈正相关。范·比克（Van Beek）等（2012）进一步解释说，内在动机帮助个人在工作中获得更高水平的能量、奉献和专注。然而，他们的研究也肯定了工作投入和外在动机之间的积极关系。当外在因素参与时，内在动机水平高的员工的工作投入水平更高。综上所述，动机对工作投入的影响并不一致。因此，我们需要进一步研究外在动机和内在动机对工作投入的具体影响，尤其是在服务业环境中。

（1）外在动机。

外在动机是一种源于个人外部因素的动机，它会导致特定的结果（Ryan, Deci, 2000）。例如，罗斯（Ross）等（1976）对儿童进行了一项研究，发现糖果等偶然性奖励使儿童更多地参与绘画任务（Deci, Koestner, Ryan, 1999）。在商业世界中，外在动机会驱动个体的工作，因为他们相信好好工作会给他们带来理想的外在结果，如工作晋升、奖金、薪水的增加等。这一理念已被广泛应用于激励员工，例如免费周末旅行或礼品卡是常见的公司用来激励员工的奖励策略。实证研究结果表明，外在因素确实会激励员工，奖励等强化措施可以提高员工的工作效率。

在酒店业环境中，韦弗（Weaver, 1988）的一项早期研究提到，如果向酒店和餐馆的小时工提供物质激励，如现金，而不是公司内部的职业发展或个人成长计划，他们就会很容易受到激励。根据韦弗的说法，因为酒店业以低工资和长工作时间而闻名，员工更愿意接受现金。因此，韦弗提出了"M理论"。这是一种侧重于向员工提供现金奖励的激励计划，旨在激励他们。查尔斯（Charles）和马歇尔（Marshall）（1992）支持韦弗的"M理论"，并发现较高的工资是加勒比地区酒店业非管理层员工的最佳激励因素。对来自美国和加拿大12家不同酒店的278名员工进行的另一项研究也发现,酒店员工更喜欢高薪作为第一激励因素,其次是工作保障、晋升和发展机会(Simons,Enz,1995)。这一结果是有意义的。因为酒店业以其低工资而闻名,因此,员工希望工资与其他行业的员工持平。此外,另一项对中国香港64家酒店1245名员工进行的研究也发现,激发工作动机的前三个因素是晋升和发展的机会、管理者对员工信守承诺、良好的工资(Siu,Tsang,Wong,1997)。艾瑞利(Ariely)等(2009)和范·比克等(2012)认为,外在激励,尤其是金钱奖励,有助于提高从事机械性、重复性工作的员工的积极性。此外,卡拉特佩(2013)对罗马尼亚酒店员工的研究表明,奖励似乎是激励员工工作投入的最可靠的工具。因此,我们提出如下假设:

假设1(a):没有内在动机的外在动机对员工工作投入的活力维度有积极的影响。

假设1(b):没有内在动机的外在动机对员工工作投入的奉献维度有积极的影响。

假设1(c):没有内在动机的外在动机对员工工作投入的专注维度有积极的影响。

(2)内在动机。

与外在动机相反,内在动机来自个体内部。内在动机高的人往往有更高的工作满意度和更高的工作绩效,因为他们觉得自己的工作有趣、有挑战性、有意义(Amabile,Hill,Hennessey,1994)。在一项关于内在动机的早期研究中,怀特(White,1959)报告说,某些动物在缺乏物质奖励和强化的情况下也愿意从事某些行为。他认为,人类不仅在受到金钱或食物等奖励的激励后会改变自己的行为,而且对周围环境有内在的兴趣和好奇心,这驱使他们学习和掌握环境带来的挑战。怀特(1959)解释说,这些行为是由乐趣和挑战的感觉所驱动的,以扩展个体的能力。

内在动机是为了内在的满足而不是为了一些可分离的结果而做一项活动的动机。在这种情况下,内在动机是既有趣又有挑战性的工作结果。具体来说,有内在动机的员工不是为了物质性回报而工作,而是认为这些任务对他们来说是有趣的、具有挑战性的和让人着迷的（Ryan，Deci，2000），因此他们愿意为之付出努力。

为了寻求更好的激励员工的方法，学者们已经进行了许多关于员工内在动机的研究。当工作本身具有挑战性和趣味性时，员工会受到激励（Dyer，Parker，1975；Wong Siu，Tsang，1999）。此外，拉姆（Lam）等（2001）对171名中国香港餐饮业员工进行了一项研究，发现新员工对快餐店工作特征（如挑战性工作、有意义的工作、成就感）的认知和期望存在显著差异。结果显示，新员工认为酒店行业尤其是快餐店的工作性质并不令人兴奋，没有挑战性，也没有意义。因此，正如以前的研究（Amabile，1993）中所提到的，没有挑战性和意义的工作可能会降低员工工作积极性。此外，该研究还分析了工作满意度与三个工作特征（挑战性工作、有意义的工作、成就感）、培训和发展（如学习机会、晋升机会、自主权）及薪酬和公平性（如有竞争力的薪酬、福利）之间的关系。然而，研究结果显示，工作满意度与薪酬和公平性之间的关系并不显著。也就是说，令人兴奋的、具有挑战性和有意义的工作会增加员工的内在动机和工作满意度，而有竞争力的薪酬和福利这些外在动机对员工的工作满意度没有显著影响。夏普利（Sharpley）和福斯特（Forster）（2003）还发现，员工并不支持将更高的薪酬作为激励因素。这一结果与早期的研究不一致，早期的研究认为更高的薪酬是更好的激励因素。此外，蒋（Chiang）和张（Jang）（2008）对美国中西部某州的56家中型酒店的289名员工进行的研究支持夏普利和福斯特（2003）的发现，结果表明外在动机对员工工作动机的贡献小于内在动机。

此外，研究还表明，具有内在动机的员工往往在工作场所更多地从身体、情感和认知上参与具有挑战性和有意义的任务（Van Beek，Hu，Schaufeli，2012），他们的工作效率更高，在工作场所表现更好。韦贝尔（Weibel）等（2007）支持了先前的研究，并提出内在动机驱动一个人走向更高水平的认知努力，这与工作投入的专注维度有关。因此，我们提出如下假设：

假设2（a）：没有外在动机的内在动机对员工的活力有积极的影响。

假设2（b）：没有外在动机的内在动机对员工的奉献精神有积极的影响。

假设2（c）：没有外在动机的内在动机对员工的专注度有积极的影响。

6.2.4 动机拥挤理论

动机拥挤理论是有关前文所讨论的两种动机（外在动机和内在动机）的理论。作为激励理论的两个基础，外在动机和内在动机已经得到了深入的研究，并在理论和实证上得到了检验。然而，一些学者认为，在特定情况下，外在动机，尤其是金钱奖励，会对一个人的内在动机产生影响，也即会损害内在动机。这种现象被称为动机拥挤理论。

动机拥挤理论认为，当经济奖励被应用到已经具有内在动机的个体时，奖励将削弱个体充分参与特定有趣活动的动机（Deci，1972）。卡梅隆（Cameron）和皮尔斯（Pierce）（1994）用一个孩子来说明这个理论：这个孩子喜欢在没有任何激励的情况下画画，后来每画一幅画都会得到经济奖励。然后，当经济奖励被取消时，孩子画一幅好画的努力就会减弱。换句话说，金钱奖励破坏了孩子对画画的真正兴趣，使孩子只为金钱而努力画画。在工作场所环境中，大多数研究集中在使用金钱激励，并发现动机拥挤理论对员工的绩效有影响。

然而，尽管有几项研究提供了证据，其中大部分是在实验室环境中进行的实验，但动机拥挤理论一直备受争议，学者们对此既有正面评价，也有负面评价。例如，卡梅隆和皮尔斯（1994）在他们大约100项对教育和社会心理学中动机拥挤理论的实验研究的元分析中得出结论，物质奖励不会削弱一个人的内在动机。然而，尽管在理论上存在分歧，但卡梅隆和皮尔斯（1994）确实发现，当个人被要求执行一项任务时，物质奖励对个人动机的负面影响很小。当奖励被移除时，个体的内在动机倾向于降低，但变化并不显著。此外，艾森伯格和卡梅隆（1996）支持卡梅隆和皮尔斯（1994）的发现，并认为动机拥挤理论的研究不应仅使用单次奖励来评估对被研究对象的影响，还应观察随着时间的推移，接受奖励和不接受奖励的影响，以确定是否存在任何一致性。卡梅隆和皮尔斯（1994）的研究发现，只有有限数量的研究应用纵向方法来检验动机拥挤理论，结果显示该理论没有显著影响。

然而，卡梅隆和皮尔斯（1994）及艾森伯格和卡梅隆（1996）的元分析结果受到了一些学者的批评。例如，德西（Deci）等（1999）对128项研究进行了元分析，以证明动机拥挤理论的存在。德西等（1999）认为，卡梅隆和皮尔斯（1994）进行的研究存在缺陷，特别是在方法上。此外，韦贝尔等（2007）对动机拥挤理论的元研究表明，有形奖励对以外在动机为激励的个体有显著的正向影响，但与以内在动机为激励的个体的关系是负向的。也就是说，有形奖励对有低水平内在动机的个体有积极影响，而对有高水平内在动机的个体有消极影响。此外，乔治斯（Georgellis）等（2011）对公共部门雇员的研究发现，挤出效应受到收入的影响。具体而言，收入对低收入员工的内在激励有影响。因此，在工作场所应用外在激励，尤其是对酒店业的员工，可能会导致员工的绩效下降，在这种情况下，员工的工作投入也会下降。酒店业是一个以低工资、劳动密集型和高员工流动率著称的行业。我们认为动机拥挤理论确实影响了酒店业的员工，尤其是在餐厅环境中。

因此，我们提出如下假设：

假设3：外在动机和内在动机对工作投入有不同的影响。

6.3 研究方法

6.3.1 样本和数据收集

我们向美国中西部一个小镇的107家餐馆发出了一封招募信，邀请他们参加我们的问卷调查。在征集的107家餐馆中，有17家同意参与。调查共向17家餐馆发放了568份问卷，结果收回148份。其中，5份问卷不完整，因此无法使用，剩下143份问卷可用于数据分析。

6.3.2 测量量表

本研究使用 Utrecht 工作投入量表（UWES）的 9 个问题来测量工作投入，分别针对活力、奉献和专注各提出三个问题。关于活力的一个例子是："在我的工作中，我感到充满能量。"关于奉献的一个例子是："我对我的工作充满热情。"关于专注的一个例子是："当我工作时，时间过得很快。"所有 9 个项目均采用五点式 Likert 量表（"5"表示非常同意，"1"表示非常不同意）进行测量。之所以采用 UWES 量表，是因为其有效性已在 20 多个国家进行了测试，并且内部效度高。通过 Chrobach α 系数测量的该量表的效度为 0.88。

本研究使用斯佩克特（Spector, 1997）开发的工作满意度调查量表来测量外在动机和内在动机。该量表有两个分量表（晋升和薪酬），用于测量外在动机，共 7 个问题。每个分量表分别包含 4 个和 3 个问题。每个分量表的例题分别是"我对我的晋升机会感到满意"和"我对我的加薪机会感到满意"。内在动机有两个分量表（工作和监督），共 8 个问题，每个分量表包含 4 个问题。每个分量表的例题分别是"我对我的工作感到自豪"和"我的主管很能胜任他/她的工作"。所有项目均采用五点式 Likert 量表进行测量（"5"表示非常同意，"1"表示非常不同意）。用 Chrobach α 系数测量的量表效度，外在动机量表的为 0.83，内在动机量表的为 0.82。

6.3.3 同源方差问题

这项研究的结果是基于自我报告的数据。所有参与者都被要求在一个时间点回答所有问题。这可能会产生潜在的偏差问题。因此，为了验证该问题的存在，本研究进行了哈曼单因素检验。根据该技术，如果从未旋转的因子分析中出现单个因子或第一个因子解释了变量方差的大部分（超过 50%），则说明存在同源方差问题（Podsakoff Mackenzie, Lee, 2003）。在进行测试后，结果显示没有证据表明单个因子占方差的 50%

以上。此外,为了进一步确定和纠正潜在的偏差问题,本研究还在 Amos 软件中使用未测量潜在因子法(Podsakoff Mackenzie,Lee,2003)进行了测试。结果表明,22.09% 的变异可能是由本研究中同源方差问题导致的。然而,这不是一个严重的问题,因为该数值远低于哈曼单因素检验建议的阈值 50%。

6.3.4 数据分析

本研究利用 Amos 20.0(Arbuckle,2010)使用结构方程模型(SEM)对图 6-1 中提出的模型进行了测试。对所有量表进行验证性因子分析(CFA),以确定数据集的因子结构。CFA 过程也被用来检验每个量表的信度和效度。下一步是使用 SEM 分析所提出的模型。在这一步骤中,本研究使用 Amos 20.0 对工作投入的三个维度的外在动机和内在动机因素分别进行测试,以确定变量之间的显著关系。接下来,将两种动机因素都纳入模型中,以检验两种动机对工作投入的影响。

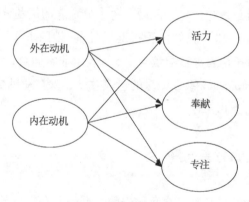

图 6-1 研究假设模型

6.4 研究结果

6.4.1 人口统计信息

关于人口统计信息，61.5%的受访者为女性，38.5%的受访者为男性；受访者的平均年龄为24.39岁。在143名受访者中，52.1%的受访者从事的是兼职工作。约73%的受访者在一线岗位工作，78.32%的受访者工作经验不足三年。在教育程度方面，26.6%的受访者拥有高中学历；22.4%的受访者有一些大学经历，但没有学位；32.9%的受访者要么拥有学士学位，要么仍在读大学。受访者的平均工作年限为2.27年。

6.4.2 测量模型

根据拟合优度指数，第一个CFA显示模型拟合较差，$\chi^2 = 1442.68$，DF = 692，GFI = 0.66，CFI = 0.71，TLI = 0.69，RMSEA = 0.09。因此，需要进行一些修改，以确定代表样本数据的更好模型。有学者（Anderson，Gerbing，1988）提出了四种改进模型拟合的方法：① 将指标与不同的因子相关联；② 从模型中删除拟合度指标；③ 将指标与多个因子相关联；④ 使用相关测量误差。然而，前两种方法是优选的，因为它们保留了一维测量，而后两种方法扭曲了一维测量。因此，拟合度不好的指标被删除，改善了模型拟合度，$\chi^2 = 108.78$，DF = 86，GFI = 0.92，CFI = 0.98，TLI = 0.97，RMSEA = 0.04。此外，为了确保删除的问题不会降低变量的信度和效度，本研究对原始测量模型（模型1）和修改后的测量模型（模型2）进行了综合信度和效度检验。表6-1显示了两个模型的综合信度和效度的检验结果。

模型比较结果显示，所有变量的综合信度和聚合效度得分均有所提高。由于模型2具有可接受的信度和聚合效度以及改进的拟合优度指数,我们使用改进的测量模型来检验员工的工作投入模型。表 6-2 显示了平均值、标准差和变量之间的相关系数。

表 6-1 效度和信度

变量	问题数量		组合信度		聚合效度	
	模型 1	模型 2	模型 1	模型 2	模型 1	模型 2
外在动机	7	4	0.68	0.80	0.34	0.50
内在动机	8	3	0.81	0.86	0.37	0.68
活力	3	3	0.79	0.78	0.42	0.55
奉献	3	3	0.81	0.79	0.47	0.56
专注	3	3	0.74	0.74	0.35	0.50

表 6-2 描述性信息

变量	均值	标准差	外在动机	内在动机	活力	奉献
外在动机	3.09	0.78				
内在动机	3.88	0.65	0.51**			
活力	3.41	0.85	0.29**	0.61**		
奉献	3.52	0.86	0.39**	0.73**	0.64**	
专注	3.33	0.80	0.29**	0.47**	0.68**	0.57**

注:** $p<0.05$。

6.4.3 研究假设的检验

外在动机和内在动机对工作投入的三个维度(活力、奉献和专注)的作用用修改后的测量模型进行测试。如前文所述,本研究对外在动机和内在动机进行了独立检验,并将其与工作投入结合起来,形成了三个模型。每个外生变量(外在动机和内在动机)都被单独测试,然后结合起来确定外在动机对工作投入的影响是否不同于内在动机。第一个模型测试了外在动机与三个工作投入维度的关系。第一个模型的研究结果显示,结构模型拟合度是可接受的(χ^2 = 148.89,DF = 56.00,GFI = 0.86,CFI = 0.88,TLI = 0.84,RMSEA = 0.11)。此外,结构模型中的标准化路径系数揭示了外在动机与工作投入维度之间的显著关系。如

图 6-2 所示，在所有工作投入维度上，外在动机的独立测试结果在 $p<0.05$ 水平上具有统计学意义，因此，这支持假设 1（a）、1（b）和 1（c）。

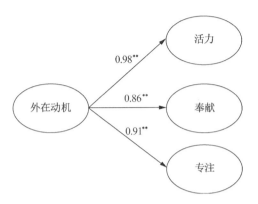

图 6-2　外在动机对工作投入的影响（$^{**}p<0.05$）

内在动机和工作投入之间的第二个模型的研究结果显示，结构模型的拟合度也是可以接受的（$\chi^2=90.67$，DF = 45.00，GFI = 0.91，CFI = 0.95，TLI = 0.93，RMSEA = 0.09）。因此，结构模型拟合的结果得到了结构模型中标准化路径系数的支持，内在动机与工作投入各维度的关系具有统计学意义。如图 6-3 所示，与工作投入维度相关的内在动机的独立测试在 $p<0.01$ 的水平上具有统计学意义，从而为假设 2（a）、2（b）和 2（c）提供了支持。

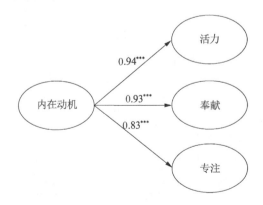

图 6-3　内在动机对工作投入的影响（$^{***}p<0.01$）

包括外在动机和内在动机的第三个模型也具有可接受的结构模型拟合度（$\chi^2 = 140.85$，DF = 0.90，GFI = 0.89，CFI = 0.96，TLI = 0.94，RMSEA = 0.06）。然而，当两种动机因素结合时，结果显示外在动机对员工工作投入各维度没有直接影响。另外，内在动机对员工的活力（$B = 0.94$）、奉献（$B = 0.92$）和专注（$B = 0.82$）有显著的正向影响。

按照动机拥挤理论的观点，当引入外在动机，尤其是外在奖励时，员工的内在动机会被削弱。然而，这项研究的结果（图6-4 和表6-3、表6-4）显示，当加入外在动机时，没有迹象表明员工的内在动机减少。

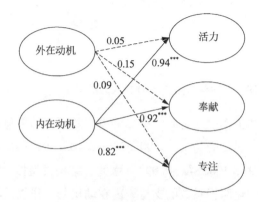

图6-4　最终模型（$^{***}p<0.01$）

表6-3　结构方程模型结果

假设	路径	路径预测系数		
		外在动机-工作投入	内在动机-工作投入	两种动机合并
假设1（a）	外在动机→活力	0.98**		0.05***
假设1（b）	外在动机→奉献	0.86**		0.15***
假设1（c）	外在动机→专注	0.91**		0.09***
假设2（a）	内在动机→活力		0.94***	0.94***
假设2（b）	内在动机→奉献		0.93***	0.92***
假设2（c）	内在动机→专注		0.83***	0.82***

注：$^{**}p<0.05$，$^{***}p<0.01$。

表6-4 模型拟合度指标

拟合度指标	路径预测系数		
	外在动机-工作投入	内在动机-工作投入	两种动机合并
χ^2	148.89	90.67	140.85
DF	56.00	45.00	0.90
GFI	0.86	0.91	0.89
CFI	0.88	0.95	0.96
TLI	0.84	0.93	0.94
RMSEA	0.11	0.09	0.06

此外，尽管没有提出假设来检验客户特征的调节作用，但本研究在所提出的模型中，使用SEM进行了多组比较分析，以检验员工特征，即性别和工作状态（全职与兼职）的调节作用。在模型水平上对两组进行检验，结果显示没有差异。

6.5 讨 论

酒店业是一个以雇佣年轻人、低工资、劳动密集型、高离职率而闻名的行业。酒店业的领导者一直面临着让员工全身心投入工作的挑战。具体来说，工作投入是帮助组织提高绩效的一个重要概念。当员工投入自己的工作时，他们往往工作得更好。因此，本研究开发并测试了一个研究模型，以确定是什么驱使员工更多从事他们的工作。具体而言，该模型反映了工作投入中外在动机和内在动机之间的关系。此外，由于以往的研究结果相互矛盾，本研究试图通过对酒店业员工的研究来证实动机拥挤理论。

早期的研究发现，外在动机是提高员工工作绩效的更好的激励因素，但也有研究揭示了不同的结果。一些研究认为，如今内在动机最适用于复杂且需要较高认知技能水平的任务，而外在动机最适合那些简单、直接、不需要高认知技能水平的任务,比如餐饮业的任务。然而,本研究的结果表明,在分别测试工作投入的三个维度时,外在动机和内在动机对餐饮业员工工作投入的三个维度都有显著影响。结果表明,外在动机和内在动机都能激发员工的活力、奉献和专注。这意味着具有较高水平外在动机和内在动机的员工更倾向于投入工作。然而,当两个动机因素一起被测试时,结果显示,外在动机对员工的工作投入各维度均无显著影响。另外,内在动机在所有三个工作投入维度上仍然具有显著的统计学意义。结果表明,内在动机能更好地影响那些不需要更高认知技能水平工作的员工。

鉴于研究结果,一种可能的解释是,当外在动机(如金钱奖励)和内在动机同时应用于工作场所时,与外在动机相比,内在动机对员工的工作投入起到更强的作用。研究结果表明,内在动机不仅对需要较高认知技能水平的工作更有效,对需要较低认知技能水平的工作也更有效。研究结果还显示,外在动机并不影响员工更多地参与工作的内在动机,这与动机拥挤理论的说法相矛盾,即外在动机会削弱一个人的内在动机。因此,这一结果支持了之前的研究,即物质性奖励并不会削弱一个人的内在动机(Cameron,Pierce,1994)。

此外,由于关于外在动机和内在动机的传统观念,本研究有助于工作投入研究的发展及酒店管理文献的扩充。具体而言,人们认为,与内在激励因素相比,外在激励因素(如奖金)将激励员工从事简单的工作或需要机械技能的任务,而这些技能通常是重复的和令人不快的,如服务餐桌。然而,本研究表明,即使是简单而平凡的工作职责,员工也更多地受到内在动机的激励,而不是外在动机。因此,我们面临的挑战是如何使平凡而简单的工作职责更具挑战性和意义。本研究的结果还表明,外在动机和内在动机的交互作用是工作投入的潜在预测因素。

以前的研究提到,员工是公司的重要资产(Cho 等,2006)。本研究的结果表明,餐饮业的管理者需要充分认识到,提供支持以增加员工的内在动机,可以有效地让他们更多地投入工作。出于这个原因,管理者的一些小的行为,如在正常工作时间和高峰时间在场并帮助员工准备和提供食物或清理桌子,将使员工更努力地投入工作。此外,对员工的辛勤工作给予肯定是管理者可以采取的另一项重要措施,以提高员工的工作投入度。此外,本研究还建议,餐饮业管理者需要创造一个舒适的工作环境,使员工的工作更有趣、更有意义。这将增加员工的内在动机,进而提高他们在工作中的工作投入度。与每位员工建立积极的关系,并给予每位员工成为团队领导者的机会(授权),是使其工作更有意义和更有趣的有效方法。

然而,本研究中的几个局限性问题需要解决。首先,这项研究的样本量相对较小,数据是在美国中西部城镇相对同质的餐馆样本中收集的。因此,样本可能不足以代表整个酒店业的员工。其次,本研究采用了自我报告方法,可能导致常见的方法偏差影响结果。因此,收集不同时间段的数据将是未来研究避免常见问题的一种方法。再次,动机拥挤理论的检验可以通过实验研究和以酒店员工为研究对象的纵向研究来改进,以更好地解释相关关系。

本章主要参考文献

[1] ALARCON G M, EDWARDS J M. The relationship of engagement job satisfaction and turnover intentions[J]. Stress and Health, 2011, 27(3): e294 – e298.

[2] AMABILE T M. Motivational synergy: toward new conceptualizations of intrinsic and extrinsic motivation in the workplace[J]. Human Resource Management Review, 1993, 3(3): 185 – 201.

[3] AMABILE T M, HILL K G, HENNESSEY B A, et al. The work preference inventory: assessing intrinsic and extrinsic motivational orientations[J]. Journal of Personality and Social Psychology, 1994, 66(5): 950 – 967.

[4] ANDERSON J C, GERBING D W. Structural equation modeling in practice: a review and recommended two-step approach[J]. Psychological Bulletin, 1988, 103(3): 411 – 423.

[5] ARIELY D, GNEEZY U, LOEWENSTEIN G, et al. Large stakes and big mistakes[J]. The Review of Economic Studies, 2009, 76(2): 451 – 469.

[6] ATTRIDGE M. Measuring and managing employee work engagement: a review of the research and business literature[J]. Journal of Workplace Behavioral Health,2009,24(4): 383 -398.

[7] BAKKER A B, Bal P M. Weekly work engagement and performance: a study among starting teachers[J]. Journal of Occupational and Organizational Psychology,2010,83(1):189 -206.

[8] BAKKER A B, DEMEROUTI E. Towards a model of work engagement[J]. Career Development International,2008,3(13): 209 -223.

[9] BATEMAN T S, Crant J M. The proactive component of organizational behavior: a measure and correlates[J]. Journal of Organizational Behavior,1993,14(2): 103 -118.

[10] CAMERON J,PIERCE W D. Reinforcement reward and intrinsic motivation: a meta-analysis[J]. Review of Educational Research,1994,64(3): 363 -423.

[11] CENTERS R. Motivational aspects of occupational stratification [J]. The Journal of Social Psychology,1948,28(2): 187 -217.

[12] CENTERS R, BUGENTAL D E. Intrinsic and extrinsic job motivations among different segments of the working population[J]. Journal of Applied Psychology,1966,50(3): 193 -197.

[13] CHALOFSKY N, Krishna V. Meaningfulness, commitment, and engagement: the intersection of a deeper level of intrinsic motivation[J]. Advances in Developing Human Resources,2009,11(2): 189 -203.

[14] CHARLES K R, MARSHALL L H. Motivational preferences of Caribbean hotel workers: an exploratory study[J]. International Journal of Contemporary Hospitality Management,1992,4(3): 25 -29.

[15] CHO S,WOODS R H,JANG S. Measuring the impact of human resource management practices on hospitality firms' performances [J]. International Journal of Hospitality Management,2006,25(2): 262 -277.

[16] CHIANG C F, JANG S. An expectancy theory model for hotel employee motivation[J]. International Journal of Hospitality Management,

2008,27(2):313 -322.

[17] CHUANG N K, YIN D, DELLMANN-JENKINS M. Intrinsic and extrinsic factors impacting casino hotel chefs' job satisfaction[J]. International Journal of Contemporary Hospitality Management,2009,21(3):323 -340.

[18] DECI E L. Intrinsic motivation, extrinsic reinforcement, and inequity[J]. Journal of Personality and Social Psychology,1972,22(1):113 -120.

[19] DECI E L,KOESTNER R,RYAN R M. A meta-analytic review of experiments examining the effects of extrinsic rewards on intrinsic motivation [J]. Psychological Bulletin,1999,125(6):627 -668.

[20] DEMEROUTI E,BAKKER A B,NACHREINER F,et al. The job demands-resources model of burnout[J]. Journal of Applied Psychology, 2001,86(3):499 -512.

[21] DYER L,PARKER D F. Classifying outcomes in work motivation research: an examination of the intrinsic-extrinsic dichotomy[J]. Journal of Applied Psychology,1975,60(4):455 -458.

[22] EISENBERGER R,CAMERON J. Detrimental effects of reward: reality or myth?[J]. American Psychologist,1996,51(11):1153 -1166.

[23] GAGNÉ M,DECI E L. Self-determination theory and work motivation [J]. Journal of Organizational Behavior,2005,26:331 -362.

[24] GEORGELLIS Y,IOSSA E,TABVUMA V. Crowding out intrinsic motivation in the public sector[J]. Journal of Public Administration Research and Theory,2011,21(3):473 -493.

[25] GRANT A M. Relational job design and the motivation to make a prosocial difference[J]. Academy of Management Review,2007,32(2):393 -417.

[26] HARMAN H H. Modern Factor Analysis[M]. Chicago: University of Chicago Press,1967.

[27] IQBAL T, KHAN K, IQBAL N. Job stress and employee engagement[J]. European Journal of Social Sciences,2012,28(1):109 -

118.

[28] KAHN W A. Psychological conditions of personal engagement and disengagement at Work[J]. Academy of Management Journal,1990,33(4): 692 -724.

[29] KARATEPE O M. High-performance work practices and hotel employee performance: the mediation of work engagement[J]. International Journal of Hospitality Management,2013,32: 132 -140.

[30] KARATEPE O M. , KESHAVARZ S, NEJATI S. Do core self-evaluations mediate the effect of coworker support on work engagement? A study of hotel employees in Iran[J]. Journal of Hospitality and Tourism Management,2010,17(1): 62 -71.

[31] LAM T,BAUM T,Pine R. Study of managerial job satisfaction in Hong Kong's Chinese restaurants[J]. International Journal of Contemporary Hospitality Management,2001,13(1): 35 -42.

[32] LOWRY P B,GASKIN J E,TWYMAN N,et al. Taking "fun and games" seriously: proposing the hedonic-motivation system adoption model (HMSAM)[J]. Journal of the Association for Information Systems,2013,14 (11): 617 -671.

[33] MICKEL A E. , BARRON L A. Getting "more bang for the buck": symbolic value of monetary rewards in organizations[J]. Journal of Management Inquiry,2008,17(4): 329 -338.

[34] PINK D H. Drive: the surprising truth about what motivates us [M]. New York,NY: Riverhead Books,2009.

[35] PODSAKOFF P M,TODOR W D,GROVER R A,et al. Situational moderators of leader reward and punishment behaviors: factor fiction[J]. Organizational Behavior and Human Performance,1984,34(1): 21 -63.

[36] PODSAKOFF P M,MACKENZIE S B,LEE J-Y. Common method biases in behavioral research: a critical review of the literature and recommended remedies[J]. Journal of Applied Psychology,2003,88(5): 879 -903.

[37] RUNHAAR P, SANDERS K, KONERMANN J. Teachers' work engagement: considering interaction with pupils and human resources practices as job resources[J]. Journal of Applied Social Psychology, 2013, 43(10): 2017-2030.

[38] RYAN R M, DECI E L. Intrinsic and extrinsic motivations: classic definitions and new directions[J]. Contemporary Educational Psychology, 2000, 25(1): 54-67.

[39] SAKS A M. Antecedents and consequences of employee engagement[J]. Journal of Managerial Psychology, 2006, 21(7): 600-619.

[40] SCHAUFELI W B, BAKKER A B. Job demands, job resources, and their relationship with burnout and engagement: a multi-sample study[J]. Journal of Organizational Behavior, 2004, 25(3): 293-315.

[41] SCHAUFELI W B, BAKKER A B, SALANOVA M. The measurement of work engagement with a short questionnaire: a cross-national study[J]. Educational and Psychological Measurement, 2006, 66(4): 701-716.

[42] SCHAUFELI W B, SALANOVA M, GONZÁLEZ-ROMÁ V. The measurement of engagement and burnout: a two sample confirmatory factor analytic approach[J]. Journal Of Happiness Studies, 2002, 3: 71-92.

[43] SCHRIESHEIM C A. The similarity of individual directed and group directed leader behavior descriptions[J]. Academy of Management Journal, 1979, 22(2): 345-355.

[44] SHARPLEY R, FORSTER G. The implications of hotel employee attitudes for the development of quality tourism: the case of Cyprus[J]. Tourism Management, 2003, 24(6): 687-697.

[45] SIMONS T, ENZ C A. Motivating hotel employees: beyond the carrot and the stick[J]. The Cornell Hotel and Restaurant Administration Quarterly, 1995, 36(1): 20-27.

[46] SIMPSON M R. Engagement at work: a review of the literature[J]. International Journal of Nursing Studies, 2009, 46(7): 1012-1024.

[47] SIU V, TSANG N, WONG S. What motivates Hong Kong's hotel

employees? [J]. The Cornell Hotel and Restaurant Administration Quarterly, 1997,38(5): 44 –49.

[48] SKINNER B F. Superstition in the pigeon[J]. Journal of Experimental Psychology,1948,38(2): 168 –172.

[49] SPECTOR P E. Job satisfaction: application, assessment, causes and consequences[M]. Thousand Oaks,CA: Sage Publications,1997.

[50] SWANBERG J E,MCKECHNIE S P,OJHA M U,et al. Schedule control supervisor support and work engagement: a winning combination for workers in hourly jobs? [J]. Journal of Vocational Behavior,2011,79(3): 613 –624.

[51] TENG C C, BARROWS C W. Service orientation: antecedents, outcomes, and implications for hospitality research and practice[J]. Service Industries Journal,2009,29(10): 1413 –1435.

[52] VAN BEEK I, HU Q, SCHAUFELI W B, et al. For fun, love, or money: what drives workaholic, engaged, and burned-out employees at work? [J]. Applied Psychology,2012,61(1): 30 –55.

[53] WATSON J B. Psychology as the behaviorist views it[J]. Psychological Review,1913,20(2): 158 –177.

[54] WEAVER T. Theory M: motivating with money[J]. The Cornell Hotel and Restaurant Administration Quarterly,1988,29(3): 40 –45.

[55] WHITE R W. Motivation reconsidered: the concept of competence [J]. Psychological Review,1959,66(5): 297 –333.

[56] WONG S,SIU V,TSANG N. The impact of demographic factors on Hong Kong hotel employees' choice of job-related motivators[J]. International Journal of Contemporary Hospitality Management,1999,11(5): 230 –242.

第7章

从内在动机到情感组织承诺——工作投入和自我效能的作用

本研究旨在通过检验员工工作投入的中介作用和员工自我效能的调节作用，探讨服务业员工内在动机与情感组织承诺之间的隐藏机制。以149名餐饮从业人员为研究对象，采用SPSS宏过程进行数据分析。研究结果表明，工作投入在内在动机对情感组织承诺的影响中起中介作用，自我效能水平低的员工的内在动机通过工作投入对情感组织承诺的间接作用强于自我效能水平高的员工。

7.1 引 言

多年来，组织承诺一直是一个热门的研究课题。组织承诺水平高的员工通常不太可能离开该组织（Wasti, 2003），更有可能按时完成工作（Meyer, Stanley, Herscovitch, et al, 2002），工作效率更高（Cooper-Hakim, Viswesvaran, 2005），并愿意付出更多的组织公民行为（Ng, Feldman, 2011）。所有企业组织都希望拥有一支组织承诺水平高的员工队伍（Morrow, 2011）。员工的组织承诺可以分为三种类型：情感组织承诺、持续组织承诺和规范组织承诺（Gellatly, Meyer, Luchak, 2006）。情感组织承诺是指员工在心理和情感上对组织的投入和依恋。持续组织承诺是指根据与离开组织相关的成本和收益来衡量是否继续留下的承诺。规范组织承诺是员工因外部压力而承担的继续受雇于组织的义务。在这三种类型的承诺中，情感组织承诺被认为对员工的积极态度和行为有更强的正向影响，因此被认为是组织最需要的一种承诺（Mohsan, Nawaz, Khan, et al, 2011）。

情感组织承诺在酒店业中尤其受到重视，因为情感组织承诺被认为会影响几乎所有对酒店有益的员工的工作行为，如出勤率、绩效和继续受雇于公司的意愿等（Meyer, Allen, 1997）。酒店业的工作有一些特殊的性质，如工作时间长、工资低、不规范的轮班（Alberti, Danaj, 2017）、不健康的工作条件（Vong, Tang, 2017）和大量的情绪劳动（Chu, Baker, Murrmann, 2012）。这些都是对员工组织承诺不利的因素（Cortese, Colombo, Ghislieri, 2010）。低水平组织承诺最终导致高员工流动率（Wasti，2003），这是令酒店业最头疼的问题之一。鉴于这一现实，酒店业的学术研究人员和商业从业者一直在努力探索和实践激励员工和增强其组织承诺的策略（Kim，Song，Lee，2016）。

企业组织用于增强员工组织承诺的激励策略可分为内在激励和外在激励（Meyer，Maltin，2010），即激励员工的内在动机和外在动机。当员工工作是为了获得奖励或避免惩罚时，他们的工作动机是外在的；相反，当员工工作是为了追求和体验个人满足感和成就感时，他们的工作动机是内在的。（Ryan，Deci，2000）不少研究发现，情感组织承诺与内在动机的关联性更强。

由于认识到了内在激励或内在动机的价值，酒店从业者已经开发并利用各种方法，通过内在激励来增强员工的承诺，如提供及时的反馈（Radojevic，Stanisic，Stanic，2015）、提供包括交叉培训在内的培训计划（Costen，Salazar，2011）、给员工授权（Ro，Chen，2011）、增强工作意义（Jung，Yoon，2016）等。然而，高员工流失率仍然是酒店业长期存在的问题，这证明了酒店员工潜在的低水平组织承诺问题。这一现象指出了研究内在动机和情感组织承诺之间的隐藏机制，即内在动机影响情感组织承诺的潜在中介因素和调节因素的紧迫性。根据工作要求-资源模型和行为可塑性理论，员工的工作投入是潜在的中介因素，员工的自我效能是潜在的调节因素。因此，本研究旨在实证检验员工工作投入和自我效能在内在激励与情感组织承诺关系中的中介作用和调节作用。

7.2 文献综述

7.2.1 情感组织承诺

根据先前的研究，情感组织承诺有三个特征：① 与组织的核心价值和目标有很强的一致性；② 有为组织的工作付出努力、时间和精力的强烈意愿；③ 希望留在本组织。有学者（Allen，Meyer，1996）认为，具有较强情感组织承诺的员工在组织中留下的时间更长，因为他们想这样做。然而，那些有强烈持续组织承诺的人留在一个组织是因为他们需要这样做，而那些有强烈规范组织承诺的人留在一个组织是因为他们觉得他们应该这样做。在文献中，情感组织承诺受到了最多的关注和重视，并被认为是组织承诺的最主要维度，因为它对员工的态度和行为有更强的积极影响（Mohsan，Nawaz，Khan，et al，2011）。

7.2.2 内在动机与情感组织承诺

内在动机来自一个人的工作本身，具有积极的价值和有益的经验（Thomas，2009）。这些积极的经验使一个人在工作中投入、兴奋和充满活力（Quigley，Tymon，2006）。

内在动机有四个要素：选择感、胜任感、意义感和进步感。当一个人意识到可以自由选择任务和活动，并根据自己的判断和理解以适当的方式完成这些任务和活动时，他就会产生选择感。胜任感使一个人在执行他所选择的任务和活动时感到得心应手。当一个人相信工作值得付出努力和时间时，他就会产生意义感。进步感即感觉任务正在向前推进并接近完成。

自我决定理论（Ryan，Deci，2000）为研究内在动机对情感组织承诺的影响提供了理论基础。自我决定理论确定了个体的三种心理需求：自主感（选择感）、胜任感和归属感。当个人相信他可以根据自己的价值观自由选择他所做的事情时，对自主感的需求就得到了满足。当个人认为他拥有完成任务和实现目标所需的资源和能力时，对胜任感的需求就得到了满足。当个人认为他的工作受到他人的重视和欣赏时，对归属感的需求就得到了满足（Meyer，Martin，2010）。自我决定理论进一步指出，这些需求的满足对于内在动机至关重要，并决定了个人和组织的健康状况，包括员工对组织的承诺。

鉴于内在动机的价值，酒店从业者已经开发并利用各种内在激励策略来增强员工的组织承诺，例如提供及时的反馈以增强进步感，提供包括交叉培训在内的培训计划以增强胜任感和意义感，授权员工以增强选择感，使平凡而简单的工作职责更具挑战性和意义等。然而，酒店员工的组织承诺水平似乎仍然很低。这一事实表明，迫切需要研究内在动机和情感组织承诺之间的隐藏机制，即探索和研究潜在的中介因素（如工作投入）和调节因素（如自我效能），从而更有效地利用内在动机来提高员工的情感组织承诺水平。

7.2.3 工作投入的中介作用

工作投入度高的员工精力充沛、专注、具有奉献精神，因此他们对工作充满热情，通常工作效率更高，工作更富有成效。工作投入已被证实是许多积极绩效行为（包括较低水平的离职意向、较高的工作满意度、更积极主动的行为和较高的组织承诺水平）的前因（Salanova, Schaufeli, 2008）。

在文献中，工作投入在工作要求资源模型的框架下得到了广泛的研究。根据工作要求-资源模型，外在奖励和内在奖励等工作资源具有激励作用，可以提高工作投入度，进而产生积极的员工结果，如组织承诺。换句话说，工作资源（如内在奖励/激励）通过工作投入与员工结果（如组织承诺）相联系（Agarwal, Datta, Blake-Beard, et al, 2012）。工作投入的中介作用已经在酒店业的不同研究情境中得到了实证检验。例如，卡拉特佩等（2013）认为，多重任务倾向对工作绩效的影响完全受工作投入的调节；卡拉特佩（2013）发现，工作投入在组织政治知觉对情感组织承诺的影响中起中介作用；卡拉特佩等（2014）指出，工作投入完全调节了挑战压力源对情感组织承诺和工作绩效的影响；吕（Lyu）等（2016）发现，滥用监督通过破坏工作投入对员工的组织公民行为产生负面影响。卡拉特佩等（2016）指出，员工的工作投入调节了工作实践对员工工作结果的影响，包括减少缺勤意愿和创造性表现。

在本研究的情境下，当员工受到内在激励时，即当他们认为自己的工作有意义、有趣时，他们会充满热情地、全神贯注地投入工作，从而对组织产生情感上的承诺。因此，我们提出如下假设：

假设1（H1）：工作投入在内在动机对酒店员工情感组织承诺的影响中起中介作用。

7.2.4 自我效能的调节作用

自我效能是指人对自己是否能够成功地进行某一成就行为的主观判断，它与自我能力感是同义的。人们对掌握和控制任务相关行为有一种普遍的效能感。因此，具有高水平自我效能感的个体会设定更高的目标，付出更多的努力去实现这些目标，并追求能够让他们取得成就的职业策略（Ballout，2009）。有学者（Lee，Gillen，1989）发现，自我效能水平高的人在他们的工作环境中会表现得更高效。相反，自我效能水平低的员工更容易在工作中消极被动，放弃工作。

行为可塑性理论支持自我效能在内在动机与情感组织承诺之间的关系中起调节作用。行为可塑性理论认为，自我效能水平较低的员工相对更具有行为可塑性，即比自我效能水平较高的员工更容易受到外界影响，也更具有可塑性。更具体地说，与自我效能水平高的个体相比，自我效能水平低的个体的态度和行为更容易受到外部线索、环境事件和社会因素的影响。在工作场所，自我效能水平较低的员工往往容易受到工作条件和组织特征的影响。也就是说，自我效能水平低的员工更容易受到内在动机缺乏的影响，但在内在动机增加的情况下更具可塑性。相反，自我效能水平高的员工受包括内在奖励在内的外部条件的影响较小，因为他们的自我效能感弥补了内在动机的不足。换句话说，自我效能水平高的员工可能不像自我效能水平低的员工那样需要那么多的内在激励来保持对工作的投入和对组织的情感承诺。如果条件不利，自我效能水平低的员工可能会更轻易地放弃。因此，我们提出如下假设：

假设2（H2）：自我效能增强了内在动机对酒店员工情感组织承诺的影响。

假设3（H3）：自我效能增强了内在动机对酒店员工工作投入的影响。

图 7-1 展示了本研究提出的假设模型。

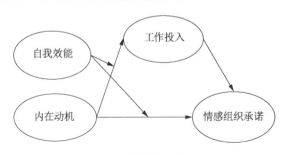

图 7-1　研究假设模型

7.3　研究方法

7.3.1　研究样本和研究程序

我们邀请位于美国中西部城市的 107 家餐馆参与这项研究。我们首先向这些餐馆发出了一封邀请函，并告知一名研究助理将在一周内访问他们的餐馆，以调查他们的员工。一周后，一名研究助理访问了这些餐馆，并将调查问卷交给他们的经理，让他们将问卷转交给员工。在这 107 家餐馆中，只有两家餐馆拒绝参加这项研究。最后，我们向 105 家餐馆发放了 598 份调查问卷，结果共收回 149 份问卷，回收率为 24.9%。在收回的 149 份问卷中，有 143 份是完整可用的。

7.3.2　测量量表

本研究采用艾伦（Allen）和迈耶（Meyer）（1990）编制的 8 项情感组织承诺量表测量情感组织承诺。示例："我很乐意在这家公司度过我的职业生涯"，"我真的觉得这家公司的问题是我自己的问题"。内在动机使用托马斯（Thomas）和泰蒙（Tymon）（1994）开发的 24 项内在激励量表进行评估。该量表由胜任感、进步感、意义感和选择感 4 个分量表（每个分量表有 6 个项目）组成。内在动机的每个维度的示例项目是：胜任感——"我表现得很好"，进步感——"我在我的项目上取得了良好的进展"，意义感——"我正在努力完成的事情对我来说是有意义的"和选择感——"在我所做的事情上我有很多选择"。Utrecht 工作投入量表包含 17 个项目，用于测量工作投入。例如：在我的工作中，"我觉得自己精力充沛"，"我对工作充满热情"。施瓦泽等（1997）开发的 10 项一般自我效能量表用于测量自我效能。一般自我效能量表的样本包括"如果我足够努力，我总能设法解决难题"和"我通常能处理我遇到的任何事情"等示例。除自我效能外，其他项目均采用五点式 Likert 量表进行评分，其中"1"表示非常不同意，"5"表示非常同意。自我效能采用四点式 Likert 量表进行评分，其中"1"表示完全不同意，"4"表示完全同意。

7.3.3 同源方差问题

由于本研究采用的是自陈式问卷，且所有变量都是正向的，因此结果可能会受到同源方差问题的影响。为了最大限度地减少常见的方法偏差，我们采取了泡德萨克沃夫等（2003）建议的几个预防措施。首先，我们向参与者提供了有关我们采取的预防措施的信息，以保证他们的匿名性和保密性。其次，我们强调没有所谓"正确"或"错误"的标准答案。再次，我们在调查的不同页面上分离了研究变量的项目，目的是研究参与者的心理分离效应。

7.4 研究结果

7.4.1 描述性统计和相关关系

表 7-1 显示了受访者的人口学特征。表 7-2 显示了平均值和标准差，

以及研究变量的效度系数和相关系数。括号中的数字是这些变量的 Chronbach α 系数。

表 7-1 被访者的人口学特征（$N=149$）

	特征	样本量/名	均值/岁	占比/%
	年龄	143	24.36	
性别	女	88		59.1
	男	55		36.9
教育程度	基础教育	3		2.0
	高中	39		26.2
	少量高等教育	33		22.1
	职业学校	6		4.0
	大专	17		11.4
	本科	48		32.2
	硕士	1		0.7

表 7-2 描述性统计信息

变量	均值	标准差	年龄	性别	情感组织承诺	内在动机	工作投入	自我效能
年龄	24.36	6.48						
性别	—	—	−0.02					
情感组织承诺	3.13	0.85	28.00***	0.07	(0.78)			
内在动机	3.80	0.56	0.08	0.16	0.50***	(0.93)		
工作投入	3.44	0.58	0.23***	0.11	0.50***	0.68***	(0.87)	
自我效能	3.43	0.45	−0.06	0.06	0.27**	0.43	0.26***	(0.89)

注：** $p<0.05$，*** $p<0.01$。

7.4.2 假设检验

本研究采用海耶斯（2017）提出的 SPSS 宏过程对模型进行检验。这种 SPSS 宏过程技术是专门为测试复杂的模型而创建的。这些模型可以包括中介变量和调节变量。近年来，该技术已被研究人员广泛使用。

表 7-3 假设检验结果

	变量	B	SE	t 值	p 值
中介变量模型（工作投入）	常数	3.13***	0.21	14.57	<0.01
	年龄	0.01**	0.01	2.36	0.02
	性别	0.05	0.08	0.54	0.59
	教育程度	-0.01	0.02	-0.65	0.52
	内在动机	0.76***	0.08	9.11	<0.01
	自我效能	-0.01	0.10	-0.04	0.97
	内在动机×自我效能	-0.25*	0.15	-1.67	0.09
	$R^2 = 0.52^{***}, F = 19.81$				
	R^2 改变量 = 0.01*				
因变量模型（情感组织承诺）	常数	1.37**	0.60	2.27	0.03
	年龄	0.02**	0.01	2.09	0.04
	性别	-0.01	0.14	-0.04	0.97
	教育程度	0.03	0.03	0.80	0.43
	内在动机	0.50***	0.18	2.72	0.007
	工作投入	0.34**	0.16	2.19	0.03
	自我效能	0.07	0.16	0.43	0.67
	内在动机×自我效能	0.19	0.24	0.80	0.43
	$R^2 = 0.36^{***}, F = 8.53$				
	R^2 改变量 = 0.003				
条件间接效应	$M - 1SD$ (2.98)	0.87***	0.11	7.75	<0.01
	$M(3.43)$	0.76***	0.08	9.11	<0.01
	$M + 1SD(3.88)$	0.65***	0.10	6.40	<0.01

注：① M 为均值，SD 为标准差。
② *$p<0.10$，**$p<0.05$，***$p<0.01$。

表 7-3 显示了利用海耶斯（2017）SPSS 宏过程分析的结果。表 7-3 由三部分组成：中介变量模型的结果、因变量模型的结果和条件间接效

应分析的结果。从中介变量模型和因变量模型的结果来看，在控制了年龄、性别和教育程度后，内在动机正向预测工作投入（$B = 0.76$，$p < 0.01$），工作投入正向预测情感组织承诺（$B = 0.34$，$p < 0.05$），内在动机正向预测情感组织承诺（$B = 0.50$，$p < 0.01$）。这些结果共同揭示了工作投入在内在动机和情感组织承诺之间的显著中介作用，因此，支持 H1。两个模型的结果还表明，内在动机通过工作投入对情感组织承诺的间接影响（$B = 0.76 \times 0.34 = 0.26$）弱于内在动机对情感组织承诺的直接影响（$B = 0.50$）。此外，内在动机与自我效能对工作投入的交互作用具有准显著性影响（$B = -0.25$，$p < 0.10$），但内在动机和自我效能的交互作用对情感组织承诺没有显著影响（$B = 0.19$，$p = 0.43$）。结果表明，自我效能对内在动机与工作投入之间的关系具有潜在的调节作用，而对内在动机与工作投入之间的关系不具有调节作用，因此，不支持 H2。如条件间接效应分析所示，所有三个条件间接效应均与零显著不同，因此，支持 H3。也就是说，当自我效能水平被调节到低和高时，内在动机通过工作投入对情感组织承诺的间接影响不同。图 7-2 显示了自我效能在内在动机与工作投入之间的调节作用，即与自我效能水平较高的员工相比，自我效能水平较低的员工的内在动机对工作投入的影响更强，自我效能水平较高。

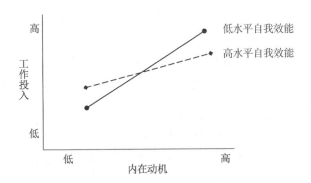

图 7-2　自我效能在内在动机对工作投入影响中的调节作用

7.5 讨论和结论

在本研究中,我们检验了一个有调节的中介模型,以探讨内在动机与情感组织承诺之间的潜在机制。研究结果表明,工作投入在酒店员工内在动机与情感组织承诺的关系中起中介作用。此外,有调节的中介模型还表明,工作投入对不同自我效能水平的酒店员工的中介影响是不同的。研究结果具有一定的理论意义和实践意义。

7.5.1 理论意义

本研究的成果具有以下几个方面的理论意义:

第一,先前的研究已经认识到内在动机在增强员工组织承诺方面的价值。然而,很少有人试图研究内在动机如何影响承诺。因此,尽管酒店行业已经实践了各种内在激励策略,但酒店员工的组织承诺水平仍然很低。在这一现实的驱使下,本研究以工作要求-控制模型作为理论基础,检验工作投入在内在动机与情感组织承诺关系中的中介作用。研究结果证实,内在动机不仅直接影响情感组织承诺,还通过工作投入间接影响情感组织承诺。因此,本研究在酒店员工的内在动机和组织承诺方面为工作要求-资源模型提供了实证支持。被内在动机驱动的员工根据自己对工作的判断和理解,有选择的自由,认为自己工作熟练,相信自己的工作是有意义的,对工作有进步感。这些选择感、胜任感、意义感和进步感有助于他们从事工作,也就是说,使他们变得更有活力,更专注,更愿意奉献。因此,投入工作的状态使他们更有感情地效力于他们的组织。

第二,研究结果表明,内在动机通过工作投入对情感组织承诺的间接影响要弱于直接影响。这一发现可能暗示,内在动机与情感组织承诺之间可能存在其他潜在的中介变量。鉴于有关内在动机与情感组织承诺之间的隐藏机制的研究较少,未来的研究可能需要在此背景下探索和研究其他潜在的中介因素。在本研究背景下，可能的中介因素包括但不限于工作满意度、工作不安全感、焦虑等。

第三，研究结果发现，自我效能水平较低的员工，其内在动机对工作投入的影响可能比自我效能水平较高的员工更强。这支持了行为可塑性理论，也说明了内在动机何时能更有效地通过工作投入来增强情感组织承诺的问题。自我效能水平低的员工更容易受到内在动机缺乏的影响，在内在动机增加的情况下更具可塑性。因此，与自我效能水平高的员工相比，内在动机是自我效能水平低的员工更有效的激励因素。由于内在动机对自我效能水平高的员工的激励效果不如对自我效能水平低的员工的激励效果好，因此研究者需要探索其他潜在的对自我效能水平高的员工更有效的激励方法。此外，外在动机对自我效能水平高和低的员工的影响也值得研究。

7.5.2 实践意义

本研究的成果具有以下几个方面的实践意义：

第一，员工的情感组织承诺是酒店管理者所期望的，因为它降低了员工流动率。酒店管理者如果能够发现员工的情感组织承诺水平下降，就可以采取干预措施来防止员工离职。不幸的是，情感组织承诺是一种无法观察到的心理状态。然而，由活力、奉献和专注组成的工作投入更容易观察到。由于内在动机通过工作投入间接影响情感组织承诺，酒店员工工作投入度的降低可能意味着内在动机水平的降低以及情感组织承诺水平的降低。因此，我们建议酒店管理者密切关注员工的工作投入。一旦了解到某员工的工作投入度降低，管理者可以采取及时的做法，例如与员工交谈并提供员工所需的条件，以留住该员工。

第二，内在动机对不同自我效能水平的酒店员工的影响是不同的。这一发现提示酒店管理者可以通过心理测试等方法辨别员工的自我效能水平，然后采取不同的策略，更有效地激励和管理他们。

第三，由于自我效能水平高的酒店员工的内在动机效果较弱，我们建议酒店管理者探索更实用的策略，以更有效地激励自我效能水平高的员工,而不是依赖内在激励。

7.5.3 研究局限

本研究主要有几个方面的局限性。第一,本研究采用一次性调查和横断面研究设计。纵向研究、实验设计或多个来源的数据对未来验证研究假设是有价值的。第二,本研究仅利用在餐厅工作的员工进行假设检验,其范围不够广泛,无法概括整个服务业各部门的研究结果。未来的研究需要在服务业的其他部门检验假设的模型。第三,本研究报告的自我效能的调节作用仅为准显著($0.05 < p < 0.10$),这可能是由于样本量较小。未来的研究可以用更大的样本量来证实这种调节效应。

7.5.4 结论

情感组织承诺由于对组织有积极影响,是商业研究中最重要和最流行的概念之一。本研究通过考察内在动机与情感组织承诺之间的隐藏机制,扩大了研究范围。我们的研究结果是值得注意的,因为它说明员工工作投入的显著中介作用和员工自我效能在中介作用过程中的准显著调节作用。本研究的结果提示未来的研究在考虑个体差异的同时,可将注意力转向动机策略与组织结果之间的隐藏机制。

本章主要参考文献

[1] AGARWAL U A, DATTA S, BLAKE-BEARD S, et al. Linking LMX, innovative work behaviour and turnover intentions: the mediating role of work engagement [J]. Career Development International, 2012, 17(3): 208–230.

[2] ALBERTI G, DANAJ S. Posting and agency work in British construction and hospitality: the role of regulation in differentiating the experiences of migrants [J]. The International Journal of Human Resource Management, 2017, 28(21): 3065–3088.

[3] ALLEN N J, MEYER J P. The measurement and antecedents of affective, continuance and normative commitment to the organization[J]. Journal of Occupational Psychology,1990,63(1): 1-18.

[4] ALLEN N J, MEYER J P. Affective, continuance, and normative commitment to the organization: an examination of construct validity[J]. Journal of Vocational Behavior,1996,49(3): 252-276.

[5] AMRHEIN V, GREENLAND S, MCSHANE B. Scientists rise up against statistical significance[J]. Nature,2019,567: 305-307.

[6] BAKKER A B, DEMEROUTI E. The job demands-resources model: state of the art[J]. Journal of Managerial Psychology,2007,22(3): 309-328.

[7] BAKKER A B, DEMEROUTI E. Towards a model of work engagement[J]. Career Development International,2008,13(3): 209-223.

[8] BALLOUT H I. Career commitment and career success: moderating role of self-efficacy[J]. Career Development International,2009,14(7): 655-670.

[9] BORDEN L, LEVY P E, SILVERMAN S B. Leader arrogance and subordinate outcomes: the role of feedback processes[J]. Journal of Business and Psychology,2018,33:345-364.

[10] BROWN C A, GRANERO R, EZPELETA L. The reciprocal influence of callous-unemotional traits, oppositional defiant disorder and parenting practices in preschoolers[J]. Child Psychiatry & Human Development,2017,48(2): 298-307.

[11] CANIËLS M C. Proactivity and supervisor support in creative process engagement[J]. European Management Journal,2019,37(2): 188-197.

[12] CHEN P, SPARROW P, COOPER C. The relationship between person-organization fit and job satisfaction[J]. Journal of Managerial Psychology,2016,31(5): 946-959.

[13] CHU K H, BAKER M A, MURRMANN S K. When we are

onstage, we smile: the effects of emotional labor on employee work outcomes [J]. International Journal of Hospitality Management, 2012, 31 (3): 906 – 915.

[14] COOPER-HAKIM A, VISWESVARAN C. The construct of work commitment: testing an integrative framework [J]. Psychological Bulletin, 2005,131(2): 241 – 259.

[15] CORTESE C G, COLOMBO L, GHISLIERI C. Determinants of nurses' job satisfaction: the role of work-family conflict, job demand, emotional charge and social support[J]. Journal of Nursing Management,2010,18(1): 35 – 43.

[16] COSTEN W M, SALAZAR J. The impact of training and development on employee job satisfaction, loyalty, and intent to stay in the lodging industry[J]. Journal of Human Resources in Hospitality & Tourism, 2011,10(3): 273 – 284.

[17] DEMEROUTI E, BAKKER A B, NACHREINER F, et al. The job demands-resources model of burnout [J]. Journal of Applied Psychology, 2001,86(3): 499 – 512.

[18] EDWARDS J R, LAMBERT L S. Methods for integrating moderation and mediation: a general analytical framework using moderated path analysis[J]. Psychological Methods,2007,12(1): 1 – 22.

[19] EVANSCHITZKY H, BROCK C, BLUT M. Will you tolerate this? The impact of affective commitment on complaint intention and postrecovery behavior[J]. Journal of Service Research,2011,14(4): 410 – 425.

[20] GELLATLY I R, MEYER J P, LUCHAK A A. Combined effects of the three commitment components on focal and discretionary behaviors: a test of Meyer and Herscovitch's propositions[J]. Journal of Vocational Behavior, 2006,69(2): 331 – 345.

[21] HE Y Q, LAI K K, LU Y G. Linking organizational support to employee commitment: evidence from hotel industry of China [J]. The International Journal of Human Resource Management,2011,22(1): 197 –

217.

[22] JUNG H S, YOON H H. What does work meaning to hospitality employees? The effects of meaningful work on employees' organizational commitment: the mediating role of job engagement[J]. International Journal of Hospitality Management,2016,53: 59 – 68.

[23] KARATEPE O M. Perceptions of organizational politics and hotel employee outcomes: the mediating role of work engagement[J]. International Journal of Contemporary Hospitality Management,2013,25(1): 82 – 104.

[24] KARATEPE O M, ARASLI H, KHAN A. The impact of self-efficacy on job outcomes of hotel employees: evidence from Northern Cyprus [J]. International Journal of Hospitality & Tourism Administration, 2007, 8 (4): 23 – 46.

[25] KARATEPE O M, BEIRAMI E, BOUZARI M, et al. Does work engagement mediate the effects of challenge stressors on job outcomes? Evidence from the hotel industry[J]. International Journal of Hospitality Management,2014,36: 14 – 22.

[26] KARATEPE O M, KARADAS G, AZAR A K, et al. Does work engagement mediate the effect of polychronicity on performance outcomes? A study in the hospitality industry in Northern Cyprus[J]. Journal of Human Resources in Hospitality & Tourism,2013,12(1): 52 – 70.

[27] KARATEPE O M, OLUGBADE O A. The mediating role of work engagement in the relationship between high-performance work practices and job outcomes of employees in Nigeria [J]. International Journal of Contemporary Hospitality Management,2016,28(10): 2350 – 2371.

[28] KIM J S, SONG H J, LEE C K. Effects of corporate social responsibility and internal marketing on organizational commitment and turnover intentions[J]. International Journal of Hospitality Management, 2016, 55: 25 – 32.

[29] LAU G T, HUANG S B. The influence of task characteristics and job-related characteristics on retail salesperson selling orientation[J]. Journal

of Retailing and Consumer Services,1999,6(3): 147 –156.

[30] LEE C, GILLEN D J. Relationship of Type A behavior pattern, self-efficacy perceptions on sales performance[J]. Journal of Organizational Behavior,1989,10: 75 –81.

[31] LUO Z P,QU H L,MARNBURG E. Justice perceptions and drives of hotel employee social loafing behavior [J]. International Journal of Hospitality Management,2013,33: 456 –464.

[32] LUO Z P, MARNBURG E, LAW R. Linking leadership and justice to organizational commitment: the mediating role of collective identity in the hotel industry[J]. International Journal of Contemporary Hospitality Management,2017,29(4): 1167 –1184.

[33] LYU Y J, ZHU H, ZHONG H J, et al. Abusive supervision and customer-oriented organizational citizenship behavior: the roles of hostile attribution bias and work engagement[J]. International Journal of Hospitality Management,2016,53: 69 –80.

[34] MANZI C, COEN S, REGALIA C, et al. Being in the social: a cross-cultural and cross-generational study on identity processes related to Facebook use[J]. Computers in Human Behavior,2018,80: 81 –87.

[35] MEREU S,GEROSA G,MARZUOLI R, et al. Gas exchange and JIP-test parameters of two Mediterranean maquis species are affected by sea spray and ozone interaction[J]. Environmental and Experimental Botany, 2011,73: 80 –88.

[36] MEYER J P, MALTIN E R. Employee commitment and well-being: a critical review, theoretical framework and research agenda [J]. Journal of Vocational Behavior,2010,77(2): 323 –337.

[37] MEYER J P,STANLEY D J,HERSCOVITCH L, et al. Affective, continuance, and normative commitment to the organization: a meta-analysis of antecedents,correlates,and consequences[J]. Journal of Vocational Behavior, 2002,61(1): 20 –52.

[38] MOHSAN F, NAWAZ M M, KHAN M S, et al. Are employee

motivation, commitment and job involvement inter-related: evidence from banking sector of Pakistan[J]. International Journal of Business and Social Science,2011,2(17):226-233.

[39] MORROW P C. Managing organizational commitment: insights from longitudinal research[J]. Journal of Vocational Behavior,2011,79(1):18-35.

[40] MULLER D,JUDD C M,YZERBYT V Y. When moderation is mediated and mediation is moderated[J]. Journal of Personality and Social Psychology,2005,89(6):852-863.

[41] NG T W, FELDMAN D C. Affective organizational commitment and citizenship behavior: linear and non-linear moderating effects of organizational tenure [J]. Journal of Vocational Behavior, 2011, 79 (2):528-537.

[42] PIERCE J L,GARDNER D G,DUNHAM R B,et al. Moderation by organization-based self-esteem of role condition-employee response relationships[J]. The Academy of Management Journal,1993,36(2):271-288.

[43] PODSAKOFF P M,MACKENZIE S B,Lee J-Y,et al. Common method biases in behavioral research: a review of the literature and recommended remedies[J]. Journal of Applied Psychology,2003,88(5):879-903.

[44] PORTER L W, STEERS R M, MOWDAY R T, et al. Organizational commitment, job satisfaction, and turnover among psychiatric technicians[J]. Journal of Applied Psychology,1974,59(5):603-609.

[45] PREACHER K J, RUCKER D D, HAYES A F. Addressing moderated mediation hypotheses: theory, methods, and prescriptions [J]. Multivariate Behavioral Research,2007,42(1):185-227.

[46] PUTRA E D,CHO S,LIU J. Extrinsic and intrinsic motivation on work engagement in the hospitality industry: test of motivation crowding theory [J]. Tourism and Hospitality Research,2017,17(2):228-241.

[47] QUIGLEY N R,TYMON JR W G. Toward an integrated model of intrinsic motivation and career self-management[J]. Career Development International,2006,11(6): 522 – 543.

[48] RADOJEVIC T, STANISIC N, STANIC N. Ensuring positive feedback: factors that influence customer satisfaction in the contemporary hospitality industry[J]. Tourism Management,2015,51: 13 – 21.

[49] RO H, CHEN P J. Empowerment in hospitality organizations: customer orientation and organizational support[J]. International Journal of Hospitality Management,2011,30(2): 422 – 428.

[50] ROD M,ASHILL N J,CARRUTHERS J. The relationship between job demand stressors, service recovery performance and job outcomes in a state-owned enterprise[J]. Journal of Retailing and Consumer Services, 2008,15(1): 22 – 31.

[51] RYAN R M,DECI E L. Intrinsic and extrinsic motivations: classic definitions and new directions[J]. Contemporary Educational Psychology, 2000,25(1): 54 – 67.

[52] RYAN R M, DECI E L. Self-determination theory and the facilitation of intrinsic motivation, social development, and well-being[J]. American Psychologist,2000,55(1): 68 – 78.

[53] SALANOVA M,SCHAUFELI W B. A cross-national study of work engagement as a mediator between job resources and proactive behaviour[J]. The International Journal of Human Resource Management, 2008, 19(1): 116 – 131.

[54] SAMPAIO DE CARVALHO J,PINTO A M,MARÔCO J. Results of a mindfulness-based social-emotional learning program on portuguese elementary students and teachers: a quasi-experimental study[J]. Mindfulness, 2017,8: 337 – 350.

[55] SCHWARZER R,BÄßLER J,KWIATEK P,et al. The assessment of optimistic self-beliefs: comparison of the German, Spanish, and Chinese versions of the general self-efficacy scale[J]. Applied Psychology,1997,46

(1): 69-88.

[56] SHIN S Y, VAN DER HEIDE B, BEYEA D, et al. Investigating moderating roles of goals, reviewer similarity, and self-disclosure on the effect of argument quality of online consumer reviews on attitude formation[J]. Computers in Human Behavior, 2017, 76: 218-226.

[57] THOMAS K W. Intrinsic motivation at work: what really drives employee engagement[M]. 2nd ed. San Francisco, CA: Berrett-Koehler Publishers, 2009.

[58] THOMAS K W, TYMON W G. Does empowerment always work? Understanding the role of intrinsic motivation and personal interpretation[J]. Journal of Management Systems, 1994, 6(2): 1-13.

[59] VONG L T-N, TANG W S-L. The mediating effect of work-family conflict in the relationship between job stress and intent to stay: the case of tourism and hospitality workers in Macau[J]. Journal of Human Resources in Hospitality & Tourism, 2017, 16(1): 39-55.

[60] WASTI S A. Organizational commitment, turnover intentions and the influence of cultural values[J]. Journal of Occupational and Organizational Psychology, 2003, 76(3): 303-321.

[61] WOOD R E, BANDURA A. Social cognitive theory of organizational management[J]. The Academy of Management Review, 1989, 14(3): 361-384.

[62] YAO T, QIU Q, WEI Y. Retaining hotel employees as internal customers: effect of organizational commitment on attitudinal and behavioral loyalty of employees[J]. International Journal of Hospitality Management, 2019, 76: 1-8.

[63] ZHOU Z K, LIU Q Q, NIU G F, et al. Bullying victimization and depression in Chinese children: a moderated mediation model of resilience and mindfulness[J]. Personality and Individual Differences, 2017, 104: 137-142.

第 8 章

工作投入研究的知识图谱分析

在竞争激烈的环境中，工作投入越来越受到学者和管理实践者的关注。尽管工作投入有许多定义，但使用最广泛的是肖菲利等对工作投入的定义。他将工作投入定义为一种积极、充实、与工作相关的心态，以活力、奉献和专注为特征，并开发了 Utrecht 工作投入量表（UWES）来测量它。当员工对工作投入时，他们会在工作中全神贯注，用更多的精力和更大的热情来服务客户，并在更高的水平上完成任务。工作投入是工作绩效最有效的预测指标，有助于提高组织效率。

员工的工作投入是服务企业提供卓越服务的关键因素之一，因为员工是组织内部和外部客户之间的关键纽带。根据酒店和旅游背景下工作投入的元分析，工作投入对组织效率、员工工作满意度和整体幸福感有显著的正向影响，而工作投入与员工离职意愿之间存在显著的负相关。尤其是自 2020 年以来，新型冠状病毒的流行对世界各国的经济造成了影响。员工的工作不安全感对工作投入产生了负面影响。因此，研究如何提高员工的工作投入度具有至关重要的意义。

尽管人们对员工的工作投入越来越感兴趣，但很少有致力从全球角度来衡量和分析工作投入研究方面的文献。本研究旨在使用可视化的文献计量分析方法分析国际上对工作投入的研究状况。文献计量分析是一种定量方法，用于根据相关出版物的数量检查研究领域的知识结构和发展。本研究的目的是使用 Web of Science 数据库检查 2000 年至 2021 年期间工作投入研究的现状和趋势。

以"work engagement""employee engagement"或"job engagement"为检索词，在 Web of Science 数据库中的 SSCI 数据库中检索以英语为语言的学术论文，共检索到 4 582 篇。经软件运行去重后无重复文献。设置软件运行时间为"2000—2021"，选取作者、机构、文献共被引阈值为 TopN = 50，关键词阈值（K）= 25，修剪方式为 Pathfinder、整体网络修剪，运行后得到各节中的图谱。

8.1 发文量趋势

文献发文量的变化能够反映一个领域的发展状况及未来的研究趋势。图 8-1 显示了研究领域近 20 年的发文情况，2000—2021 年发表的相关文献有 4 582 篇，总体上呈现出一个稳定增长的趋势。2000—2007 年发文数量不多，这可能与该时间段内研究方法有局限、高质量相关文献不足等有关。随着研究方法和内容的丰富，2008 年之后发文量增长速度较快。而 2018 年以来发文量的年均增长量达到了 120 篇以上，说明目前相关研究仍处于高速发展期。

8.2 作者合作网络

在期刊上发表论文总数在一定程度上代表了作者在该领域的学术地位，而作者合作网络能够清晰反映研究的核心作者群体及其合作关系。本研究运用 CiteSpace 软件对数据进行可视化分析，运行结果如图 8-2 所示，其中字体和节点大小代表作者发表论文的数量，节点间的连线表示不同作者间的合作关系，连线的粗细代表合作紧密程度。分析研究领域的作者发文数量和作者间的联系可以发现高产作者及高影响力作者。

从图 8-2 中可以看出，阈值高频排名前 50 的共有 319 个节点和 308 条连线，整体网络密度为 0.006 1。图中作者合作网络较密。从表 8-1 中可以看出，单位作者的发文量较大，排名前三的为 ARNOLD B BAKKER（148）、WILMAR B SCHAUFELI（92）、EVANGELIA DEMEROUTI（63）；从研究作者的合作度上看，主要作者的合作度较高，在一定程度上可以说明他们在相关领域内局部形成了严密成熟的合作网络。

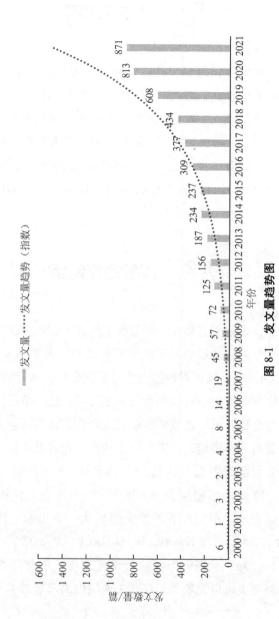

图 8-1 发文量趋势图

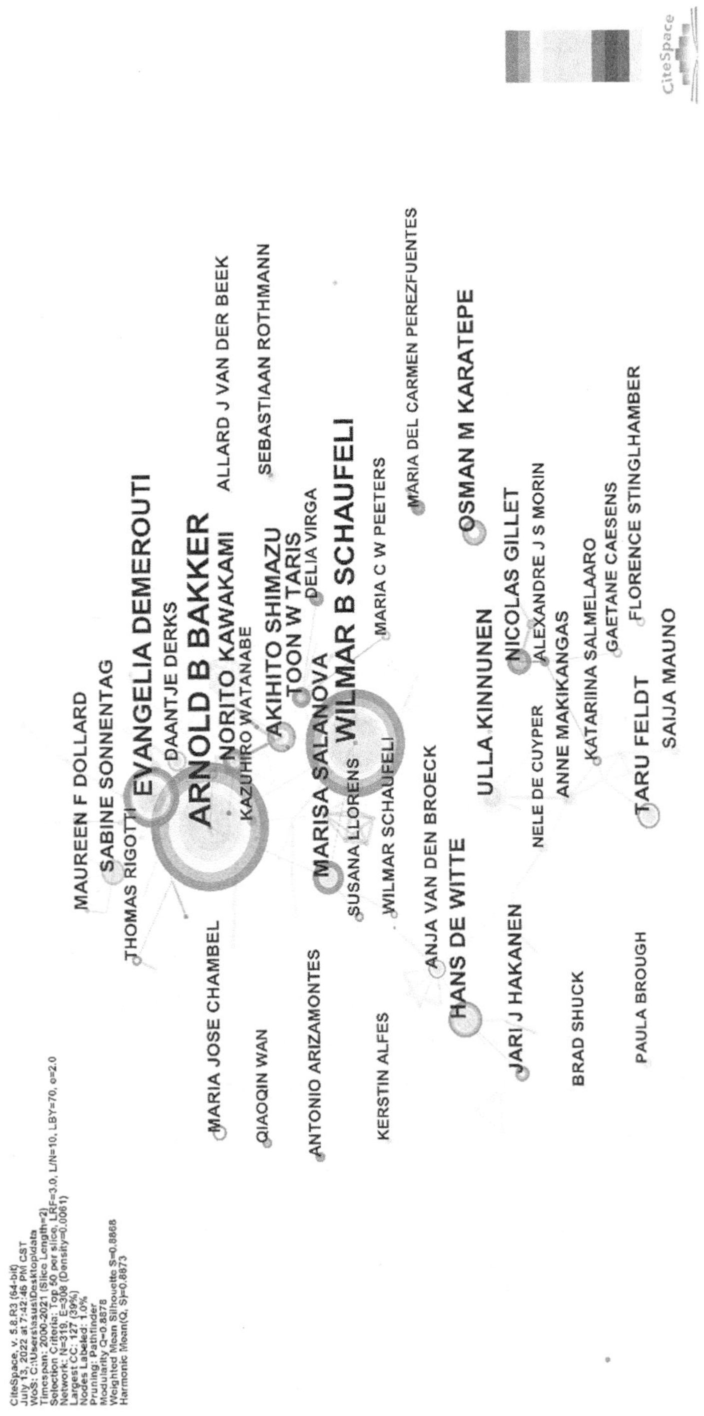

第 8 章 工作投入研究的知识图谱分析

图 8-2 作者及合作网络知识图谱

表 8-1　高产作者前十名

名次	作者	年份/年	发文量/篇	连接度
1	ARNOLD B BAKKER	2006	148	16
2	WILMAR B SCHAUFELI	2006	92	11
3	EVANGELIA DEMEROUTI	2008	63	9
4	AKIHITO SHIMAZU	2009	35	6
5	NORITO KAWAKAMI	2010	34	7
6	HANS DE WITTE	2008	33	4
7	ULLA KINNUNEN	2008	33	3
8	MARISA SALANOVA	2006	32	5
9	OSMAN M KARATEPE	2012	31	1
10	TOON W TARIS	2008	29	7

为了从时间序列角度探寻各发文作者之间的关系，本研究利用 CiteSpace 的 Time zone（时区图）功能，将文献作者之间的相互关系展示在以时间为横轴的坐标中。在时区图中，节点大小表示该作者出现的频次，节点所处的年份表示该作者首次出现的时间，节点间的连线表示作者同时出现的时间。

由图 8-3 可知，相关文献发文量最大的节点为 ARNOLD B BAKKER，首次出现年份为 2006 年。该节点连线丰富且时间跨度长，说明该作者及其文献在该领域具有重要的学术地位和参考价值，连线中有红色，说明最近仍有成果产出。随着时间推进，相关研究的作者越来越多。综合来看，连线以红黄绿为主，说明这些高产作者的研究持续时间较长。

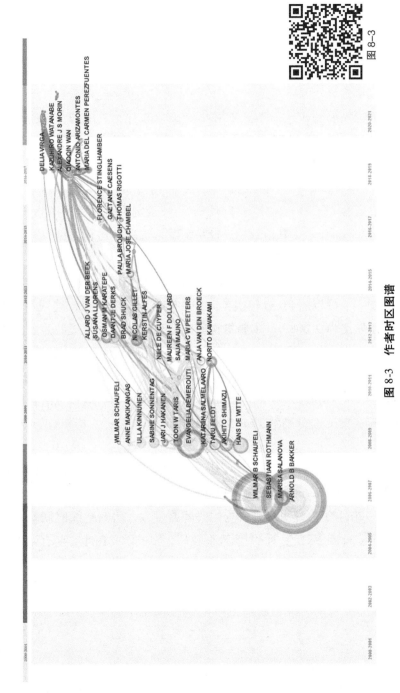

图 8-3 作者时区图谱

8.3　研究机构合作网络

研究机构合作网络图谱诠释了该领域研究力量的空间分布。为了发现推动研究发展的机构，本研究用 CiteSpace 软件工具中的合作网络分析功能挖掘研究领域的研究机构的网络关系。该网络关系能直观地反映机构间的合作情况，能为科学评价机构在学术范围内的影响力提供参考。运用 CiteSpace 软件对数据进行可视化分析，将该软件的 Time Slicing 设定为"2000—2021"，YearsPerSlice 设定为"1"，NodeTypes 面板选择"Institution"，其他选项选择系统默认选项，运行后可得到研究机构分布网络图谱，如图 8-4 所示，其中，节点大小表示该研究机构发表期刊论文的数量，节点间的连线表示不同机构间的合作强度。

从图 8-4 可以看出，研究样本中共包含 218 个节点，连线有 209 条，网络密度为 0.008 8。主要机构间的合作连线较为密集。为了深层次分析研究机构的成果及合作关系，对图 8-4 进行进一步的数据挖掘，得到发文量排名前十的研究机构，如表 8-2 所示。发文量居多的是 Erasmus Univ、Univ Utrecht、Eindhoven Univ Technol。从单位的合作度来看，排名前三的分别为 Univ Utrecht、Erasmus Univ、Eindhoven Univ Technol。

同样，利用 Timezone 功能从时间序列角度对合作机构进行分析。如图 8-5 所示，Erasmus Univ、Univ Utrecht 等高产机构的发文大致分布在 2004—2011 年，说明研究机构的时间跨度大，研究持续时间长。研究机构节点外圈多红色，说明突现性较高，相关研究在此时期有剧烈变动的趋势。

> > > 第 8 章 工作投入研究的知识图谱分析

图 8-4 机构及合作网络知识图谱

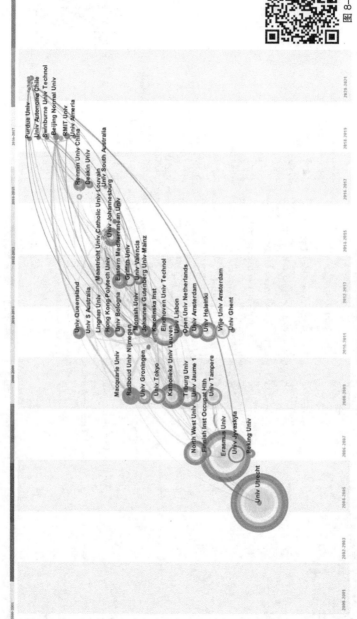

图 8-5 机构时区图谱

表8-2 高产机构前十名

名次	机构	年份	发文量/篇	合作度
1	Erasmus Univ	2006	190	5
2	Univ Utrecht	2005	180	7
3	Eindhoven Univ Technol	2010	84	5
4	Katholieke Univ Leuven	2008	84	2
5	North West Univ	2006	82	2
6	Tilburg Univ	2008	58	4
7	Univ Jyvaskyla	2007	57	2
8	Univ Tampere	2008	51	3
9	Univ Helsinki	2011	51	4
10	Univ Tokyo	2008	50	3

8.4 国家和地区分布

本研究设置CiteSpace的节点类型为Country，即对研究国家的分布进行分析，得到的图谱如图8-6所示。其中，节点大小代表该国家发表论文的数量，节点间的连线表示不同国家间的合作关系，连线的粗细代表合作紧密程度。如图8-6所示，研究样本中共有97个节点和106条连线，整体网络密度为0.0228，其中以美国为最大的研究国家，中国和荷兰次之，各个国家间的合作网络较为紧密。对不同国家发文量进行统计可得到表8-3所示的高产国家前十名。可以看出，美国的发文量遥遥领先于其他国家。从中心性的角度来看，大部分国家的发文量和中心性呈一定正相关关系，但比利时和南非的中心性明显不成正比，说明这两个国家虽然发文量靠前，但中心性低，和其他国家的合作关系并不理想。

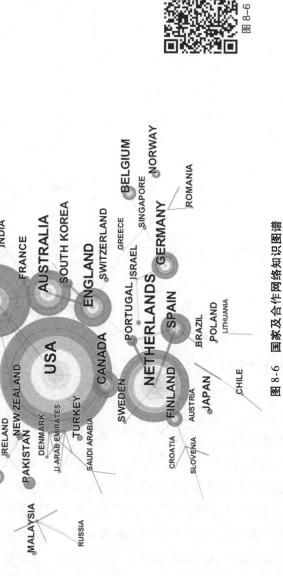

图 8-6　国家及合作网络知识图谱

表8-3 高产国家前十名

名次	国家	发文量/篇	中心性	开始年份
1	USA	999	0.12	2001
2	NETHERLANDS	616	0.37	2002
3	PEOPLES R CHINA	597	0.64	2007
4	AUSTRALIA	370	0.67	2005
5	ENGLAND	307	0.74	2005
6	SPAIN	275	0.57	2002
7	GERMANY	274	0.16	2000
8	CANADA	220	0.45	2005
9	BELGIUM	178	0.08	2008
10	SOUTH AFRICA	177	0	2006

8.5 关键词共现

共词分析的主要途径之一便是提取引文的关键词、摘要等题录信息，统计形成直观的知识图谱。通过对高频关键词的研究，我们可以解释一段时间内某领域研究的热点。本研究根据设置好的阈值，提取作者关键词，共发现高频关键词322个，形成380条连线。文献的热点关键词共现图谱如图8-7所示。图8-7中节点和文字大小代表关键词出现的频次，节点间的连线表示不同时期内建立的联系，连线的粗细和密度表示关键词共现的强度。可以看出，work engagement是最大的节点，burnout和job satisfaction次之。从软件中统计出的时间跨度上来看，work、work engagement、stress、job performance、resource等出现时间较早，最近则出现了compassion fatigue、covid-19、employee creativity、customer orientation、intrinsic motivation、positive emotion等关键词。

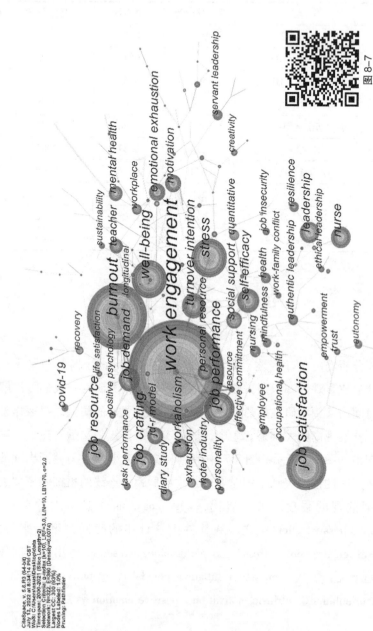

图 8-7 关键词共现图谱

关键词出现的中介中心性是判断该研究领域研究热点的重要指标，也是判断学者们关注焦点的重要依据。从代表节点促进作用的中介中心性指标（表8-4）来看，work engagement、burnout 和 social support 等与其他热点关键词之间的关联度较强。这说明其经常处于和其他关键词关联的路径中，对文献之间的互引关系产生积极作用。

表8-4 关键词中心性前十名（按中介中心性排序）

名次	关键词	频次/次	中介中心性
1	work engagement	2 266	0.40
2	burnout	418	0.11
3	social support	67	0.08
4	job satisfaction	275	0.08
5	motivation	67	0.07
6	well-being	206	0.07
7	employee	39	0.07
8	job performance	191	0.07
9	stress	178	0.07
10	mental health	62	0.06

8.6 关键词聚类

研究热点主题是特定学术领域学者关注的焦点,也是该领域在某一时期主要探讨问题的体现。关键词作为学术论文的重要组成部分,凝练着论文的精髓,经常被用来研究某领域的热点问题。基于此,本研究采用 CiteSpace 软件及 LLR(对数似然率)算法进行关键词共现的聚类分析,以直观反映研究热点主题。呈现的关键词聚类视图如图 8-8 所示,色块代表聚类的区域,色块内部包含聚类关键词。节点数(N)=426,连线数(E)=2 234,网络密度(Density)=0.024 7。模块值 Q 的大小与节点的疏密情况相关。Q 值越大,聚类效果越好。平均轮廓值 S 的大小可以用来衡量聚类的同质性。S 值越大说明网络的同质性越高,表示该聚类越具有高可信度。从图 8-8 中可以看出,Q=0.333 2(>0.3),这说明该网络结构聚类效果好;S=0.677(>0.5),这说明同质性较高,不同聚类划分较好。图中展现出九大聚类,以 burnout、resilience 和 task performance 为首。前五大聚类出现的平均年份在 2009—2016 年(表 8-5),说明相关研究在这一时期成熟。其中最大的聚类为 burnout,出现的年份为 2009 年,共包含 74 个关键词,主要关键词有 burnout、job resources、work engagement、job demands、job performance。

第8章 工作投入研究的知识图谱分析

图8-8

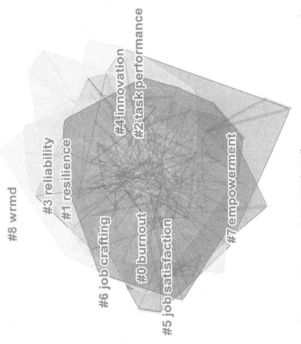

图8-8 关键词聚类图谱

表 8-5 聚类的主要关键词

名次	聚类名	主要关键词	年份	关键词数量
1	burnout	burnout, job resources, work engagement, job demands, job performance	2009	74
2	resilience	resilience, social support, workaholism, self-efficacy, turnover intention	2015	62
3	task performance	task performance, longitudinal, sustainability, emotional labor, nursing	2016	55
4	reliability	reliability, workplace, validity, health, health promotion	2014	50
5	innovation	innovation, creativity, autonomy, authentic leadership, job characteristics	2014	48

8.7 时区图

为了从时间维度探寻研究的发展演进过程，本研究采用 CiteSpace 工具中的时区图对其进行分析。时区图主要是从时空角度，依据时间先后将文献关键词的更新及文献间的相互关系清晰地展示在以时间为横轴的二维坐标中，如图 8-9 所示。在时区图中，节点大小表示该关键词出现的频次，节点所处的年份表示该关键词首次出现的时间，节点间的连线表示不同关键词同时出现在一篇文章中，时间轴表示不同时段间的传承关系和演化历程。结合历年的发文数量，尤其能够探寻研究热门时段主要关注重点，也能够说明该领域所处的时期或阶段。由图 8-9 可知，相关文献最大的节点为 2003 年提出的 work engagement，早期的研究中高频关键词有 burnout、job performance、stress 等。研究的相关概念时间跨度长，影响范围大。高频词集中在 2008 年以后，说明此时期的研究热度较高。相关研究持续到现在，后续的研究逐渐提出不一样的概念。最近提出的则是 compassion fatigue、covid-19、employee creativity、customer orientation、intrinsic motivation 等新关键词。

> > > 第 8 章 工作投入研究的知识图谱分析

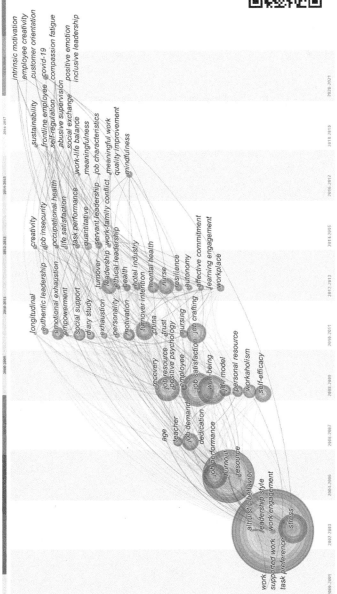

图 8-9 关键词时区图谱

8.8 时间线

前沿趋势分析是通过持续引用固定的一组基础文献的文献聚类，主要以共引聚类和引文为分析基础，来描述某类研究领域的过渡情况及研究本质。

作为 CiteSpace 的主要视图之一，时间线（Timeline）图谱将文献关键词聚类平铺在二维时间轴上，为研究者探寻某主题聚类的演变过程和前沿趋势，以及热点主题之间的相互关系提供参考。

由图 8-10 可知，相关文献最大的聚类是 burnout，包含多个关键词，其中包含的关键词有 2003 年左右提出的 work engagement。随着时间的推进，关键词有 job performance、job demand 等。该聚类主要关注的是 burnout 的研究演进。

第 8 章 工作投入研究的知识图谱分析

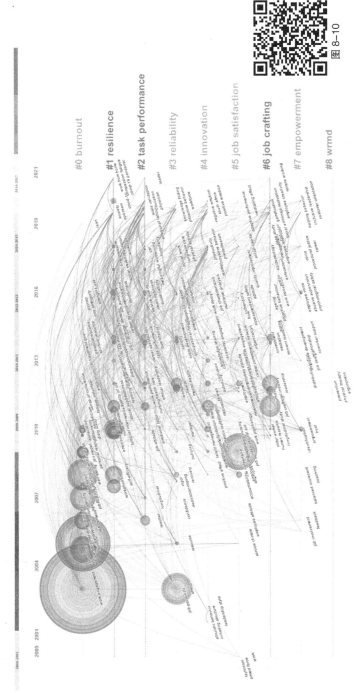

图 8-10 关键词时间线图谱

8.9 关键词突现

关键词突现情况如表 8-6 所示。

表 8-6 关键词突现情况

关键词	突现强度	起始年	结束年	2000—2021
burnout	16.23	**2004**	2011	
crossover	3.8	**2004**	2017	
construct validity	3.54	**2006**	2013	
job resource	2.86	**2006**	2015	
workaholism	5.41	**2008**	2015	
employee behaviour	4.36	**2008**	2017	
depression	3.79	**2008**	2013	
stress	3.56	**2008**	2011	
conscientiousness	3.14	**2008**	2013	
recovery	2.69	**2008**	2017	
dentist	2.38	**2008**	2013	
motivation	4.02	**2010**	2013	
exhaustion	3.78	**2010**	2015	
satisfaction	3.06	**2010**	2017	
diary study	2.68	**2010**	2015	
manager	2.6	**2010**	2013	
identity	2.46	**2010**	2013	
fatigue	2.45	**2010**	2015	
recovery experience	2.4	**2010**	2017	
gender	2.27	**2010**	2017	

续表

关键词	突现强度	起始年	结束年	2000—2021
job design	3.76	**2012**	2015	
volunteer	3.44	**2012**	2015	
validation	3.19	**2012**	2017	
age	2.97	**2012**	2017	
firefighter	2.59	**2012**	2015	
longitudinal	2.57	**2012**	2017	
happiness	2.51	**2012**	2019	
quality of life	2.46	**2012**	2013	
australia	2.46	**2012**	2013	
employees behaviour	2.46	**2012**	2013	
personality	2.62	**2014**	2015	
team work engagement	2.38	**2014**	2015	
job control	2.3	**2014**	2017	
quantitative	6.91	**2016**	2019	
life satisfaction	3.46	**2016**	2019	
proactivity	2.89	**2016**	2019	
health care	2.67	**2016**	2017	
person-job fit	2.57	**2016**	2019	
work-life balance	2.55	**2016**	2019	
job characteristics	2.49	**2016**	2019	
police officer	2.25	**2016**	2019	
long-term care	3.79	**2018**	2019	
workload	3.34	**2018**	2021	
procedural justice	2.84	**2018**	2019	
abusive supervision	2.53	**2018**	2021	
innovativebehaviour	2.36	**2018**	2019	
employeeoutcm	2.36	**2018**	2019	
disengagement	2.36	**2018**	2019	
physical activity	2.36	**2018**	2021	

表8-6展示的是近20年来研究领域的突现词。表中的起始年为对应关键词频次开始激增的年份,结束年是关键词频次趋于平稳的年份,突现强度则代表该关键词在突现的时间内频次突然增加的程度,通常与研究热度相伴。红色条(本表中色条浅色部分)则对应该突现词的持续时间。

从时间序列来看,burnout、construct validity、job resource等的开始时间较早。另从突现持续时间来看,crossover、recovery和employee behaviour等的突现时间较长,说明其在相当长的一段时间内是相关研究的热点。根据突现词的突现强度,burnout、quantitative、workaholism的突现强度非常高,说明其出现频次大幅变动。综合来说,workload、abusive supervision和physical activity等不仅突现强度高,而且距离时间近,可以被认为是最新涌现的研究热点。

8.10 文献共被引分析

文献共被引分析是指对某研究领域共同引用文献的分析,用于探寻该领域高水平文献。这对该学科领域本身及外部领域都有着巨大的影响。共被引文献越多,文献间的相关性就越大,高水平文献的作用也就越强。

由图8-11可知,节点数(N) =176,连线数(E) =292,网络密度 (Density) =0.019,有几个较为显著的共被引关系形成,其中最大的是 Schaufeli WB (2006)、Schaufeli WB (2004)、Schaufeli WB (2002)。其被引频次较高,说明其在该领域具有重要的影响力。另据文献共被引的强度(中心性),Schaufeli WB (2002)、Demerouti E (2001)、Podsakoff PM (2003)的共被引强度较高。这说明其经常作为经典参考文献被共同引用在同一篇文献中,对于分析其衔接作用具有重要意义。部分文献共被引情况如表8-7所示。

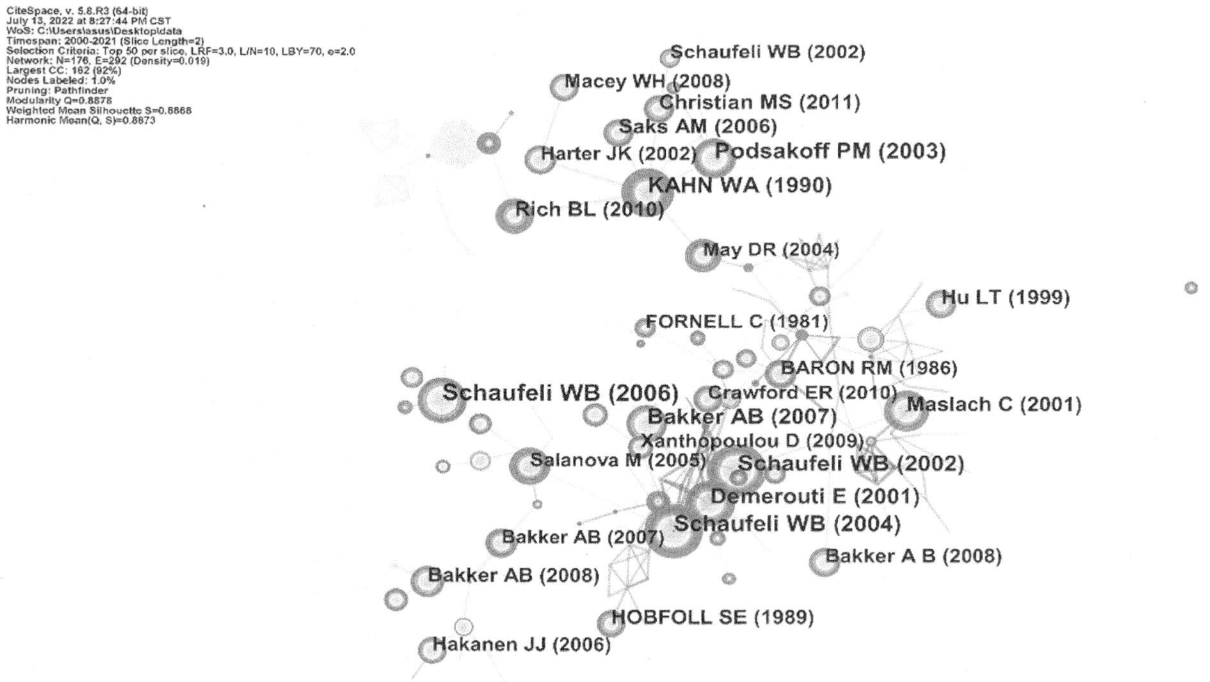

图 8-11 文献共被引关系

表8-7 部分文献共被引情况

名次	被引频次	作者	年份
1	1 541	Schaufeli WB	2006
2	1 189	Schaufeli WB	2004
3	1 181	Schaufeli WB	2002
4	1 076	Podsakoff PM	2003
5	957	Bakker AB	2007
6	904	Demerouti E	2001
7	876	KAHN WA	1990
8	608	Maslach C	2001
9	587	Christian MS	2011
10	587	Hu LT	1999

8.11 期刊来源分布

研究文献的主要期刊分布及来源从某种意义上能反映该领域下的文献质量高低。图8-12展示的是相关领域的前十四大载文期刊。结合表8-8来看，前十大期刊共载文1 029篇，占4 582篇文献的22.46%。这说明这十家期刊为该领域核心文献的主要来源。此外，从期刊的影响因子来看，前十大期刊的平均复合影响因子达5.945 9，其中不乏学界广泛认同的顶级期刊。这说明这一研究主题在某种程度上受到了学界广泛的关注和深度研究，且研究成果具有较高的价值。

第 8 章　工作投入研究的知识图谱分析

图 8-12　研究领域主要期刊分布

表 8-8　研究领域主要期刊分布

名次	期刊来源	载文量/篇	影响因子（2021 年）
1	FRONTIERS IN PSYCHOLOGY	227	4.232
2	INTERNATIONAL JOURNAL OF ENVIRONMENTAL RESEARCH AND PUBLIC HEALTH	152	4.614
3	EUROPEAN JOURNAL OF WORK AND ORGANIZATIONAL PSYCHOLOGY	96	4.867
4	SUSTAINABILITY	96	3.889
5	JOURNAL OF VOCATIONAL BEHAVIOR	86	12.082
6	INTERNATIONAL JOURNAL OF HUMAN RESOURCE MANAGEMENT	85	6.026
7	PERSONNEL REVIEW	77	3.228
8	CURRENT PSYCHOLOGY	74	2.387
9	INTERNATIONAL JOURNAL OF HOSPITALITY MANAGEMENT	68	10.427
10	JOURNAL OF OCCUPATIONAL HEALTH PSYCHOLOGY	68	7.707

第 9 章

总结与展望

9.1 研究结论

随着经济社会的发展，服务业在国民经济中所占比例越来越大，逐渐成为国民经济的支柱产业。依据发达国家国民经济结构的发展情况推断，随着我国经济的进一步发展，我国的服务业将进一步扩大在国民经济中的比重，服务业的劳动力占比势必将进一步提高。服务业的行业性质对于人力资源管理具有极大的挑战性。首先，由于服务业的主要业务内容是服务，服务业的营业高峰期往往是周末、法定节假日等其他行业的休息时间。这就给服务业员工的家庭关系带来巨大的挑战。工作和家庭之间的冲突既会对家庭也会对工作产生不利影响。其次，服务业作为劳动密集型行业，其很大一部分岗位的技术门槛不高，因而员工工资待遇也不高。因此，服务业对员工的激励措施难以使用高水平物质性激励的策略。再次，受传统思想的影响，服务业工作的社会认同度较低，某些岗位的职业尊严甚至会遭受践踏，这对服务业员工的职业认同感又是一种挑战。另外，服务业员工的岗位职责以情绪劳动为主，并需要时刻展示对人友善、积极的服务态度，但在上述职业特征背景下，维持情绪劳动很艰难。因此，服务业人力资源的激励问题相对其他行业来说，更具特殊性和挑战性。

工作投入是近年来管理学学者和实践者共同关注的热点问题。鉴于服务业人力资源管理的特殊性和工作投入对服务业员工业绩和员工忠诚度的重要影响，服务业员工工作投入更是学者和业界人士热切关注的员工心理状态。管理心理学领域有多个理论涉及工作投入，例如工作要求-资源模型、工作要求-控制模型、资源保存理论、压力认知评价理论、特质激活理论、动机拥挤理论、社会交换理论等。这些理论从不同的角度对员工工作投入的前因和结果进行了界定和提示，由此帮助推断工作投入在服务业人力资源管理中所发挥的多方面作用。

本研究基于上述各个理论，从不同的角度分别探究了工作投入在服务业员工工作心理和工作业绩方面的作用和所受的影响。具体研究发现可以总结为：

第一，服务业员工的工作投入是一种员工的积极的工作状态，对员工工作绩效和其他工作态度都有显著的积极影响。对服务业企业来说，员工的顾客导向和情感组织承诺对员工队伍的建设和企业的经营管理异常重要。服务业员工的顾客导向是客户满意度和经营绩效的重要保障和必要条件，因此顾客导向是服务业员工所必须具备的基本素质。而服务业工作性质的挑战性同时也给员工的顾客导向培养带来了巨大挑战。因此，培养员工的顾客导向是服务业企业长期重视的课题。而员工的顾客导向是员工工作投入的一个结果，也就是说，对工作投入的员工更易具备顾客导向素质。另外，员工的情感组织承诺也受到工作投入的影响。员工的工作投入度越高，其对企业的情感组织承诺水平就越高，其也就越不会离开企业。

第二，企业的组织资源和员工的个人资源都能够促进工作投入。本研究深入分析了组织支持这一组织资源及自我效能和情商这两种个体资源对工作投入的影响，均证实了工作要求-资源模型所陈述的组织资源和个人资源对员工工作投入的积极影响。

第三，企业对员工的激励包括内在激励和外在激励。内在激励是调动员工的内在动机，外在激励则是调动员工的外在动机。一方面，本研究验证了动机拥挤理论，但研究结果并不支持动机拥挤理论，未发现外在激励对内在激励的拥挤效应。另一方面，本研究探究了员工的内在动机到情感组织承诺的转化机制，解释了工作投入的中介作用，即内在动机首先促进了员工的工作投入，进而才得以塑造员工的情感组织承诺，体现了工作投入的重要作用。

第四，工作要求对员工工作投入的影响可以是积极的，也可以是消极的，这取决于员工对工作要求的认知。同样的工作要求对员工工作业绩的影响因工作业绩类型的不同而不同。例如情绪表达规则能够促进工作投入，多任务处理要求尽管不利于任务绩效，但有利于提高情境绩效。

第五，本研究的多个子项目均证实了工作投入的中介效应。企业对员工的激励，不管是从组织资源还是从个人资源的角度出发，都需要经由提高员工工作投入度才能最终作用于员工的工作绩效和积极心理状态。

第六，组织资源、个人资源及内在动机对不同个体的工作投入度产生的提高效应不同，工作投入对顾客导向等的影响效果也因人而异。因此，企业需要针对不同的个体具体研究各种影响关系的强度。

9.2 研究贡献及管理启示

本研究从多角度深入研究工作投入。研究成果丰富了各个管理学理论，拓展了管理心理学的研究维度，延伸了工作投入研究的相关理论视角。依据本研究的结论，我们可以得到如下管理启示：

第一，服务业管理者需要重视员工的工作投入度，并善于通过观测员工工作投入度来掌握员工的心理状态。一方面，员工对工作是否投入决定着管理者的激励措施是否有效，决定着员工是否具备企业所需的高水平顾客导向、高水平组织承诺等素质。另一方面，员工的工作投入的三个维度，即活力、奉献和专注，都是可以观测到的，不像离职意愿、组织承诺这些职场心理不可观测。而员工的工作投入又可以预测员工的离职意愿和组织承诺等心理状态，因此，管理者可以充分利用工作投入度来推测员工的其他心理状态，进而及时采取相应措施疏导员工心理、修护员工忠诚度、留住员工，从而稳定员工队伍。

第二，员工工作投入所受的前因影响强度和其对顾客导向和情感组织承诺等的影响强度因人而异。因此，为有效提升员工工作投入度，有效利用工作投入提升工作绩效，管理者需要对不同的员工采取不同的激励措施，因材施管。首先，管理者尤其要关注员工的自我效能，并致力提升员工的自我效能水平。提高自我效能水平的方法包括树立让员工看到职业晋升通途的榜样、对员工的努力和成绩及时做出肯定和表扬、经常做辅导等。其次，员工的情商也是显著调节工作投入的重要心理指标，因此管理者需要关注员工的情商水平，并通过不同的方法提升员工情商。再次，员工的多重任务倾向不同，有的员工善于在同一时间做多项工作，有的员工则喜欢一件一件地完成不同的工作。管理者需要清楚员工的多重任务倾向水平，这样才能充分发挥员工的特长和潜能。另外，员工的建言行为水平也会调节工作投入，但是不善建言并不一定是缺点。不善建言的员工可能是投入了更多的精力于多重任务处理，因此也应该受到重视。最后，员工的性别和岗位类型也是管理者需要考虑的要素。不同性别和岗位类型的员工对工作投入的前因和结果的敏感性不尽相同，应该区别对待。

第三，管理者需要善于将外在激励和内在激励有机结合来对员工进行激励。本研究不支持动机拥挤理论所述的外在激励会损害内在激励，建议管理者合理利用外在激励措施激励员工。服务业员工的工资水平普遍较低。从马斯洛需求层次理论来解释的话，服务业员工可能大多处于较低的需求层次，因此对工作的外在动机需求仍然较高。通过物质性激励满足服务业员工的外在动机需求，可以调动其内在动机。

第四，服务业的多任务处理要求有利于提升员工工作投入度，因此服务业管理者不必担心多任务处理要求的负面影响，可以进一步合理利用多任务处理要求来激发员工工作热情。尤其是要将多任务处理要求更多地分配给多重任务倾向水平较高的员工，因为这样可以充分激发他们的工作兴趣，调动工作积极性，释放出工作潜能。

第五，服务业员工的内在动机并不能自然而然地直接转化为对企业的组织承诺等良好的结果，内在动机的转化需要工作投入作为中介，因此，管理者在通过工作设计满足员工内在动机需求的同时，需要促进员工提高工作投入度，以确保内在激励措施有效。

9.3 研究局限性和未来研究工作的展望

尽管本研究从多角度研究了工作投入的前因、结果、各项调节因素以及工作投入在服务业人力资源管理中的作用，丰富了管理心理学理论，拓展了管理心理学的研究范畴，但是本研究依然存在一些局限性。

第一，本研究的各个子项目均采用横截面问卷调查的方法，由被访者自填问卷，这不利于保障研究内容的客观性和对研究内容进行因果推断。未来研究可以从多渠道收集数据，包括从员工、管理者、家庭成员等多渠道，并使用纵向研究方法或实验方法进行因果推断。

第二，本研究的样本大多选取于酒店或餐饮行业，但广义的服务业是一个大的概念，包括交通运输、房地产、商业服务等众多子行业，而这些子行业之间有不同程度的差异，每个子行业内的员工特征和管理特征也不尽相同。未来研究可以将本研究的内容拓展到其他服务业子行业，以验证工作投入在其他服务业子行业中的作用。

第三，本研究的样本主要来自中国和美国，尽管中国在一定程度上能够代表许多东方国家，美国也可以在一定程度上代表许多西方国家，但是不同的东方国家之间有经济和文化差异，不同的西方国家之间也存在经济和文化差异。未来研究可以将本研究的内容拓展到其他国家进行验证，并进行对比研究。

附 录

附录1 自我效能和性别对服务业员工工作投入的调节作用调查问卷

工作投入量表

5	4	3	2	1			
▼	▼	▼	▼	▼			
Strongly Agree	Agree	Neither agree nor disagree	Disagree	Strongly Disagree			

At my work, I feel bursting with energy.	5	4	3	2	1
At my job, I feel strong and vigorous.	5	4	3	2	1
When I get up in the morning, I feel like going to work.	5	4	3	2	1
I can continue working for very long periods at a time.	5	4	3	2	1
At my job, I am very resilient, mentally.	5	4	3	2	1
At my work, I always persevere, even when things do not go well.	5	4	3	2	1
I find the work that I do full of meaning and purpose.	5	4	3	2	1
I am enthusiastic about my job.	5	4	3	2	1
My job inspires me.	5	4	3	2	1
I am proud with the work that I do.	5	4	3	2	1
To me, my job is challenging.	5	4	3	2	1
Time flies when I'm working.	5	4	3	2	1
When I am working, I forget everything else around me.	5	4	3	2	1
I feel happy when I am working intensely.	5	4	3	2	1
I am immersed in my work.	5	4	3	2	1
I get carried away when I'm working.	5	4	3	2	1
It is difficult to detach myself from my job.	5	4	3	2	1

组织支持量表

5	4	3	2	1				
▼	▼	▼	▼	▼				
Strongly Agree	Agree	Neither agree nor disagree	Disagree	Strongly Disagree				
The organization really cares about my well-being.				5	4	3	2	1
Even if I did the best job possible, the organization would fail to notice.				5	4	3	2	1
The organization cares about my general satisfaction at work.				5	4	3	2	1
The organization shows very little concern for me.				5	4	3	2	1
The organization takes pride in my accomplishments at work.				5	4	3	2	1

自我效能量表

4	3	2	1				
▼	▼	▼	▼				
Exactly True	Moderately True	Hardly True	Not at All True				
I can always manage to solve difficult problems if I try hard enough.				4	3	2	1
If someone opposes me, I can find the means and ways to get what I want.				4	3	2	1
It is easy for me to stick to my aims and accomplish my goals.				4	3	2	1
I am confident that I could deal efficiently with unexpected events.				4	3	2	1
Thanks to my resourcefulness, I know how to handle unforeseen situations.				4	3	2	1
I can solve most problems if I invest the necessary effort.				4	3	2	1
I can remain calm when facing difficulties because I can rely on my coping abilities.				4	3	2	1
When I am confronted with a problem, I can usually find several solutions.				4	3	2	1
If I am in trouble, I can usually think of a solution.				4	3	2	1
I can usually handle whatever comes my way.				4	3	2	1

离职意愿量表

5	4	3	2	1
▼	▼	▼	▼	▼
Strongly Agree	Agree	Neither agree nor disagree	Disagree	Strongly Disagree

I am likely to leave this organization within the next 12 months.	5	4	3	2	1
I am likely to leave this organization within the next three years.	5	4	3	2	1
I would probably change jobs if offered a bit more money.	5	4	3	2	1

基本信息

1. Please indicate your gender: ☐ Female   ☐ Male

2. Please indicate your current work status:
   ☐ Full-time (≥32.5 hours)
   ☐ Part-time (<32.5 hours)

3. Please indicate the type of your position:
   ☐ Managerial
   ☐ Non-managerial

4. Please indicate your current job position.

   ☐ Kitchen—Dishwasher
   ☐ Kitchen—Prep cook
   ☐ Kitchen—Line cook
   ☐ Kitchen—Chef/Manager/ Supervisor
   ☐ Dining room/Banquet—Busser or Steward
   ☐ Dining room/Banquet—Server
   ☐ Dining room—Manager/ Supervisor
   ☐ Other: _____

5. What is your current age? _____ Years

6. How long have you been working for the current company? _____ Years _____ Months

7. Is this your first time working for this company? ☐ Yes   ☐ No

8. Please indicate your highest level of education attained:

   ☐ Some school
   ☐ GED / High school graduate
       ☐ Currently pursuing
   ☐ Some college experience (no degree)
   ☐ Vocational / Training School
   ☐ Associate's degree —☐ Currently pursuing
   ☐ Professional degree —☐ Currently pursuing
   ☐ Bachelor's degree —☐ Currently pursuing
   ☐ Master's degree —☐ Currently pursuing

附录2 情绪表达规则与情商对服务业管理者与非管理者工作投入的交互影响调查问卷

工作投入量表

5	4	3	2	1
▼	▼	▼	▼	▼
非常同意	同意	无所谓（不确定）	不同意	非常不同意

工作时，我感到精力充沛。	5	4	3	2	1
工作时，我浑身有力且干劲十足。	5	4	3	2	1
在一般工作日，我乐意去工作。	5	4	3	2	1
我对工作充满热情。	5	4	3	2	1
工作激发我的灵感。	5	4	3	2	1
我对自己的工作感到自豪。	5	4	3	2	1
工作时，我感到时间过得很快。	5	4	3	2	1
当工作节奏紧张时，我感到很快乐。	5	4	3	2	1
我沉浸在工作中。	5	4	3	2	1

情绪表达规则量表

5	4	3	2	1
▼	▼	▼	▼	▼
非常同意	同意	无所谓（不确定）	不同意	非常不同意

我工作的一部分是确保提供令人愉快的客户服务。	5	4	3	2	1
我的酒店期望我同客户交流时表现得有热情、有活力。	5	4	3	2	1
我的酒店期望我在客户面前压制、掩饰坏的心情。	5	4	3	2	1
我的酒店期望我在客户面前压制、掩饰负面反应。	5	4	3	2	1

情商量表

5	4	3	2	1
▼	▼	▼	▼	▼
非常同意	同意	无所谓（不确定）	不同意	非常不同意

大多数时候我很清楚当时自己为什么有某种感受。	5	4	3	2	1
我很明白自己的情绪。	5	4	3	2	1
我总是知道自己是否高兴。	5	4	3	2	1
我总是能从朋友的行为中了解到他们的情绪。	5	4	3	2	1
我很了解客户的情绪。	5	4	3	2	1
我对别人的感受和情绪敏感。	5	4	3	2	1
我很了解同事的情绪。	5	4	3	2	1
我总是为自己设定目标，然后尽自己最大的努力去完成。	5	4	3	2	1
我总是告诉自己我是个有能力的人。	5	4	3	2	1
我是个能够自我激励的人。	5	4	3	2	1
我总是鼓励自己尽最大的努力去做事情。	5	4	3	2	1
我有能力来控制自己的情绪。	5	4	3	2	1
我把自己的情绪控制得很好。	5	4	3	2	1

基本信息

1. 您的性别： □ 女　　　□ 男
2. 您的工作性质： □ 全职　　　□ 兼职
3. 您的职位类型： □ 管理类　　　□ 非管理类
4. 您的职位和所在部门. _____
5. 您的年龄？_____ 岁
6. 您为现在的酒店工作多久了？_____ 年_____ 月
7. 您所工作的酒店星级？_____ 星级
8. 您的教育程度：
   □ 小学　　　□ 初中　　　□ 中专/技校　　　□ 高中
   □ 大专/职高　□ 本科　　　□ 硕士　　　　　□ 博士

附录3　多任务处理要求对服务业员工顾客导向的影响机制调查问卷

工作投入量表

5	4	3	2	1
▼	▼	▼	▼	▼
非常同意	同意	无所谓（不确定）	不同意	非常不同意

题项	5	4	3	2	1
工作时，我感到精力充沛。	5	4	3	2	1
工作时，我浑身有力且干劲十足。	5	4	3	2	1
在一般工作日，我乐意去工作。	5	4	3	2	1
我对工作充满热情。	5	4	3	2	1
工作激发我的灵感。	5	4	3	2	1
我对自己的工作感到自豪。	5	4	3	2	1
工作时，我感到时间过得很快。	5	4	3	2	1
当工作节奏紧张时，我感到很快乐。	5	4	3	2	1
我沉浸在工作中。	5	4	3	2	1

多任务处理要求量表

5	4	3	2	1
▼	▼	▼	▼	▼
非常同意	同意	无所谓（不确定）	不同意	非常不同意

题项	5	4	3	2	1
我的工作经常需要我同时做多件事情。	5	4	3	2	1
在工作时，我经常同时做多项任务。	5	4	3	2	1
在工作中，我按顺序一项一项去做各种任务。	5	4	3	2	1
在工作中，我同时完成多项任务。	5	4	3	2	1

多重任务倾向量表

5	4	3	2	1
▼	▼	▼	▼	▼
非常同意	同意	无所谓（不确定）	不同意	非常不同意

我喜欢在同一时间内做多件事情。	5	4	3	2	1
我喜欢每天只完成一整项工作,不喜欢一天内做多项工作但只完成每项工作的一部分。	5	4	3	2	1
我相信我应该尝试在同一时间内做多件事情。	5	4	3	2	1
当我自己工作的时候,我通常在同一时间只做一件事情。	5	4	3	2	1
我喜欢在同一时间只做一件事情。	5	4	3	2	1
当我有多项任务需要完成的时候,我才能做得更好。	5	4	3	2	1
我相信在开始一件新的任务前,最好完成现在在做的任务。	5	4	3	2	1
我相信对我来说最好的工作安排是在同一时间内被安排多项任务。	5	4	3	2	1
我不喜欢在同一时间内做多项任务。	5	4	3	2	1
即使只是完成每项工作的一部分,我也还是喜欢每天做多项工作,而不喜欢一天内完成一整项工作。	5	4	3	2	1

顾客导向量表

5	4	3	2	1
▼	▼	▼	▼	▼
非常同意	同意	无所谓（不确定）	不同意	非常不同意

在工作时,客户对我来说是最重要的。	5	4	3	2	1
最好确保客户得到尽可能好的服务。	5	4	3	2	1
如果可能,我会满足客户所有的要求。	5	4	3	2	1
作为一个向客户提供服务的员工,客户对我来说非常重要。	5	4	3	2	1
我相信为客户提供及时有效的服务是我工作的主要职责。	5	4	3	2	1
我会针对影响公司的问题提出建议。	5	4	3	2	1

续表

我会把影响公司的问题说出来，并鼓励其他人参与解决问题。	5	4	3	2	1
即使我的观点和他人不同，我也会和公司里的其他人交流公司存在的问题。	5	4	3	2	1
当公司认为我的意见可能对某些方面有帮助的时候，公司会告诉我那些方面的事情。	5	4	3	2	1
我在公司里参与解决影响工作体验的问题。	5	4	3	2	1
在公司里我会对新项目或者流程变更说出自己的意见。	5	4	3	2	1

基本信息

1. 您的性别：	□ 女　　　□ 男
2. 您的工作性质：	□ 全职　　□ 兼职
3. 您的职位类型：	□ 管理类　□ 非管理类
4. 您的职位和所在部门：＿＿＿＿＿
5. 您的年龄？＿＿＿＿＿岁
6. 您为现在的酒店工作多久了？＿＿＿＿＿年＿＿＿＿＿月
7. 您所工作的酒店星级？＿＿＿＿＿星级
8. 您的教育程度：
□ 小学　　　　□ 初中　　　　□ 中专/技校　　□ 高中 □ 大专/职高　□ 本科　　　　□ 硕士　　　　　□ 博士

附录4　外在动机和内在动机对服务业员工工作投入的影响调查问卷

工作投入量表

5	4	3	2	1
▼	▼	▼	▼	▼
Strongly Agree	Agree	Neither agree nor disagree	Disagree	Strongly Disagree

At my work, I feel bursting with energy.	5	4	3	2	1
At my job, I feel strong and vigorous.	5	4	3	2	1

续表

When I get up in the morning, I feel like going to work.	5	4	3	2	1
I can continue working for very long periods at a time.	5	4	3	2	1
At my job, I am very resilient, mentally.	5	4	3	2	1
At my work, I always persevere, even when things do not go well.	5	4	3	2	1
I find the work that I do full of meaning and purpose.	5	4	3	2	1
I am enthusiastic about my job.	5	4	3	2	1
My job inspires me.	5	4	3	2	1
I am proud with the work that I do.	5	4	3	2	1
To me, my job is challenging.	5	4	3	2	1
Time flies when I'm working.	5	4	3	2	1
When I am working, I forget everything else around me.	5	4	3	2	1
I feel happy when I am working intensely.	5	4	3	2	1
I am immersed in my work.	5	4	3	2	1
I get carried away when I'm working.	5	4	3	2	1
It is difficult to detach myself from my job.	5	4	3	2	1

内在动机量表

5 ▼ Strongly Agree	4 ▼ Agree	3 ▼ Neither agree nor disagree	2 ▼ Disagree	1 ▼ Strongly Disagree			
I sometimes feel my job is meaningless.				5	4	3	2	1
I like doing the things I do at work.				5	4	3	2	1
I feel a sense of pride in doing my job.				5	4	3	2	1
My job is enjoyable.				5	4	3	2	1
My supervisor is quite competent in doing his/her job.				5	4	3	2	1
My supervisor is unfair to me.				5	4	3	2	1
My supervisor shows too little interest in the feelings of subordinates.				5	4	3	2	1
I like my supervisor.				5	4	3	2	1

外在动机量表

5 ▼ Strongly Agree	4 ▼ Agree	3 ▼ Neither agree nor disagree	2 ▼ Disagree	1 ▼ Strongly Disagree				
There is really too little chance for promotion on my job.					5	4	3	2	1
Those who do well on the job stand a fair chance of being promoted.					5	4	3	2	1
People get ahead as fast here as they do in other places.					5	4	3	2	1
I am satisfied with my chances for promotion.					5	4	3	2	1
I feel I am being paid a fair amount for the work I do.					5	4	3	2	1
I feel unappreciated by the organization when I think about what they pay me.					5	4	3	2	1
I feel satisfied with my chances for salary increases.					5	4	3	2	1

基本信息

1. Please indicate your gender:	☐ Female ☐ Male
2. Please indicate your current work status:	☐ Full-time(≥32.5 hours) ☐ Part-time(<32.5 hours)
3. Please indicate the type of your position:	☐ Managerial ☐ Non-managerial
4. Please indicate your current job position. ☐ Kitchen—Dishwasher ☐ Dining room/Banquet—Busser or Steward ☐ Kitchen—Prep cook ☐ Dining room/Banquet—Server ☐ Kitchen—Line cook ☐ Dining room—Manager/Supervisor ☐ Kitchen—Chef/Manager/Supervisor ☐ Other:_____	
5. What is your current age? _____ Years	
6. How long have you been working for the current company? _____ Years _____ Months	
7. Is this your first time working for this company? ☐ Yes ☐ No	
8. Please indicate your highest level of education attained: ☐ Some school ☐ Associate's degree —☐ Currently pursuing ☐ GED / High school graduate ☐ Professional degree —☐ Currently pursuing ☐ Currently pursuing ☐ Bachelor's degree —☐ Currently pursuing ☐ Some college experience (no degree) ☐ Master's degree —☐ Currently pursuing ☐ Vocational / Training School	

附录 5 从内在动机到情感组织承诺——工作投入和自我效能的作用调查问卷

工作投入量表

5 ▼ Strongly Agree	4 ▼ Agree	3 ▼ Neither agree nor disagree	2 ▼ Disagree	1 ▼ Strongly Disagree			
At my work, I feel bursting with energy.				5	4	3	2	1
At my job, I feel strong and vigorous.				5	4	3	2	1
When I get up in the morning, I feel like going to work.				5	4	3	2	1
I can continue working for very long periods at a time.				5	4	3	2	1
At my job, I am very resilient, mentally.				5	4	3	2	1
At my work, I always persevere, even when things do not go well.				5	4	3	2	1
I find the work that I do full of meaning and purpose.				5	4	3	2	1
I am enthusiastic about my job.				5	4	3	2	1
My job inspires me.				5	4	3	2	1
I am proud with the work that I do.				5	4	3	2	1
To me, my job is challenging.				5	4	3	2	1
Time flies when I'm working.				5	4	3	2	1
When I am working, I forget everything else around me.				5	4	3	2	1
I feel happy when I am working intensely.				5	4	3	2	1
I am immersed in my work.				5	4	3	2	1
I get carried away when I'm working.				5	4	3	2	1
It is difficult to detach myself from my job.				5	4	3	2	1

内在动机量表

5	4	3	2	1
▼	▼	▼	▼	▼
Strongly Agree	Agree	Neither agree nor disagree	Disagree	Strongly Disagree

I am making good progress on my projects.	5	4	3	2	1
I am good at my job.	5	4	3	2	1
I care about what I am doing.	5	4	3	2	1
I feel free to select different paths or approaches in my work.	5	4	3	2	1
I am proficient at what I am doing.	5	4	3	2	1
I have a sense that things are moving along well.	5	4	3	2	1
My work serves a valuable purpose.	5	4	3	2	1
How I go about doing things is up to me.	5	4	3	2	1
My projects are going well.	5	4	3	2	1
My projects are significant to me.	5	4	3	2	1
I am performing competently.	5	4	3	2	1
I have a sense of freedom in what I am doing.	5	4	3	2	1
The work I am doing is important.	5	4	3	2	1
I am doing my work capably.	5	4	3	2	1
I am accomplishing my objectives.	5	4	3	2	1
I am determining what I do on my job.	5	4	3	2	1
I am skillful in my work.	5	4	3	2	1
What I am trying to accomplish is meaningful to me.	5	4	3	2	1
I feel I have a lot of latitude in what I am doing.	5	4	3	2	1
My tasks are moving forward.	5	4	3	2	1
I am doing worthwhile things.	5	4	3	2	1
I am exercising a lot of choice in what I do.	5	4	3	2	1
I am doing things well.	5	4	3	2	1
My work is proceeding nicely.	5	4	3	2	1

自我效能量表

4 ▼ Exactly True	3 ▼ Moderately True	2 ▼ Hardly True	1 ▼ Not at All True			
I can always manage to solve difficult problems if I try hard enough.			4	3	2	1
If someone opposes me, I can find the means and ways to get what I want.			4	3	2	1
It is easy for me to stick to my aims and accomplish my goals.			4	3	2	1
I am confident that I could deal efficiently with unexpected events.			4	3	2	1
Thanks to my resourcefulness, I know how to handle unforeseen situations.			4	3	2	1
I can solve most problems if I invest the necessary effort.			4	3	2	1
I can remain calm when facing difficulties because I can rely on my coping abilities.			4	3	2	1
When I am confronted with a problem, I can usually find several solutions.			4	3	2	1
If I am in trouble, I can usually think of a solution.			4	3	2	1
I can usually handle whatever comes my way.			4	3	2	1

情感组织承诺量表

5 ▼ Strongly Agree	4 ▼ Agree	3 ▼ Neither agree nor disagree	2 ▼ Disagree	1 ▼ Strongly Disagree				
I desire and intend to remain at this company.				5	4	3	2	1
I would be very happy to spend the rest of my career with this company.				5	4	3	2	1
I really feel as if this company's problems are my own.				5	4	3	2	1
I do not feel a strong sense of "belonging" to my company.				5	4	3	2	1
I do not feel "emotionally attached" to this company.				5	4	3	2	1
I do not feel like "part of the family" at my company.				5	4	3	2	1
This company has a great deal of personal meaning for me.				5	4	3	2	1

基本信息

1. Please indicate your gender:	☐ Female	☐ Male
2. Please indicate your current work status:	☐ Full-time(≥32.5 hours) ☐ Part-time(<32.5 hours)	
3. Please indicate the type of your position:	☐ Managerial ☐ Non-managerial	

4. Please indicate your current job position.	
☐ Kitchen—Dishwasher ☐ Kitchen—Prep cook ☐ Kitchen—Line cook ☐ Kitchen—Chef/Manager/ Supervisor	☐ Dining room/Banquet—Busser or Steward ☐ Dining room/Banquet—Server ☐ Dining room—Manager/ Supervisor ☐ Other: _____

5. What is your current age? _____ Years
6. How long have you been working for the current company? _____ Years _____ Months
7. Is this your first time working for this company? ☐Yes ☐ No
8. Please indicate your highest level of education attained:

☐ Some school ☐ GED / High school graduate ☐ Currently pursuing ☐ Some college experience(no degree) ☐ Vocational / Training School	☐ Associate's degree —☐ Currently pursuing ☐ Professional degree —☐ Currently pursuing ☐ Bachelor's degree —☐ Currently pursuing ☐ Master's degree —☐ Currently pursuing